초월기업의 법칙

브랜드로는 이기지 못한다

CHANGE

초월기업의 법칙

스탠 버나드 지음 | 박홍경 옮김

북스토리

다른 사람의 승리를 도우라고 늘 격려해주셨던

아버지께 이 책을 바칩니다.

Contents

책 속 용어 이해하기   9

들어가며: 비즈니스 세계에서 승리하는 법이 달라졌다   16

0단계

1장   어떤 시장에서든 통하는 성공 방정식   27

인터넷이 바꾼 기업의 경쟁 방식 / 초월기업은 어떻게 이기는가 / 제품 선택이 아닌 선발로, 패러다임의 전환

2장   오바마의 승리 방식에서 배워라   43

1단계: 어젠다 수립 / 2단계: 어젠다 전달 / 3단계 어젠다 옹호 / 오바마의 승리를 위한 행동 4가지

1단계 어젠다 수립

3장   게임의 판을 바꿔라   69

군사 분야의 사례: 골리앗 vs. 다윗 / 스포츠 분야의 사례: 메시 vs. 페더러 / 정치 분야의 사례: 2016년 트럼프 vs. 힐러리

4장 어젠다 수립을 위한 3가지 기법   87

애플의 '다름을 생각해보라' / 아이팟이 새로운 영역을 창조한 방식 / 휴대전화 재창조, 애플의 아이폰 / 애플의 경쟁 카테고리 창조 및 장악

5장 경쟁 창조: 스타벅스   103

스타벅스의 새로운 공간 창조 / 스타벅스의 어젠다를 실현하는 방식

6장 경쟁 재창조: 펠로톤   117

사이클링 경험을 재창조한 펠로톤

7장 경쟁 카테고리화: 시드립, 우버   127

처음으로 '무알코올 증류주'를 만든 시드립 / 후발 주자로서 차량 공유 서비스를 장악한 우버

2단계: 어젠다 전달

8장 기억 가능성: 가이코   147

누구나 쉽게 기억하는 어젠다의 5가지 특성 / 기억하기 쉬운 어젠다로 승리한 가이코

9장 장악 가능성: 스위트그린   167

'사람들을 진짜 음식과 연결한다'는 스위트그린의 성공 방식

10장 승리 가능성: 나이키   179

'Just Do It'의 시작과 생명력

11장 일치 가능성: 아마존   191

모든 요소를 어젠다와 일치시킨 아마존

3단계: 어젠다 옹호

12장 접근: 구글, 자라   207

전 세계 정보에 무료 접근을 지원하는 구글 / 2가지 접근 방식으로 패스트 패션을 장악한 자라

13장 우위: 테슬라   221

초월적 우위를 확보하려는 테슬라 / 테슬라의 모델3는 어떻게 이중고를 해결했나 / 테슬라 혹은
일론 머스크에 대한 인식 / 테슬라의 전파자들

14장 전파자: 레미샤인, 글로시에   239

시장을 변화시키려면 전파자의 운동을 일으켜라 / 전파자 운동을 일으킨 레미샤인 / 전파자와 함
께 제품을 만들어가는 글로시에

15장 인식: 헤일로탑, 캐리 해머   261

헤일로탑의 꿀벌 입소문이 이룬 매출 2,500퍼센트 상승 / 캐리 해머의 '런웨이 모델이 아닌 롤모
델' 캠페인

나오며: 브랜딩 말고 초월기업 체계   278

이 책에 쏟아진 찬사   292

전파자^{Advangelical}: 대통령 선거와 제품 캠페인을 할 때 전파자들은 대대적인 운동을 벌인다. 전파자는 캠페인 어젠다를 옹호하고 조언하고 알리고 지지하고 추진하는 정치와 기업의 캠페인 지지자들을 말한다.

슬로건/캠페인 어젠다 ^{Campaign Agenda}: 후보자가 선거인에게 전달하거나 기업이 핵심 이해관계자에게 전달하기를 바라는 핵심적이고 종합적인 개념이다. 또한 정치 후보나 기업이 경쟁자들을 끌어들이기를 원하는 일종의 '게임'이다. 예를 들어 2008년 미국 대선에서 버락 오바마 상원의원의 슬로건은 '변화'였으며 아마존의 캠페인 어젠다는 '고객 집착'이다. (본문에서 'Campaign Agenda'를 정치적 맥락에서는 슬로건으로, 기업과 관련해서는 캠페인 어젠다로 옮겼다–옮긴이)

어젠다 수립^{Creating the Agenda}: 특히 선거 기간에 정치인들은 공약이나 '게임'을 만들어 선거에 화두를 던지려 한다. 예를 들어 존 F. 케네디와 미국은 우주 개발 경쟁을 '유인 달 탐사'라는 게임으로 변화시켰다. 마찬가지로 기업에서도 어젠다를 수립한다. 스타벅스는 미국 가정과 직장 사이에 '제3의 공간'을 만든다는 캠페인 어젠다를 실행하여 커피 전문점 사업의 판도를 바꾸고 시장을 장악했다.

경쟁 카테고리화 Competitive Categorization: 새롭고 특색 있는 제품 카테고리를 발견하거나 차지하는 행위다. 예를 들어 애플은 퍼스널 컴퓨터도 휴대전화도 아닌 제3의 기기 카테고리에 해당하는 아이패드를 출시했는데 카테고리를 처음 개척한 회사가 아님에도 결국에는 시장을 장악하는 데 성공했다.

경쟁 창조 Competitive Creation: 완전히 새로운 제품 시장 영역을 만드는 행위다. 애플의 아이패드가 디지털 아이튠즈 음악 시스템과 결합된 예에서 경쟁 창조가 잘 드러난다.

강령Campaign Platform: 정치인과 초월기업은 '강령'이라는 간결한 메시지를 활용하여 이해관계자들이 그것을 신뢰하고 지지하고 반복해서 퍼 나르도록 독려한다. 초월기업의 강령에는 일반적으로 캠페인 어젠다, 캠페인 메시지(C-메시지), 후보, 후보 포지셔닝, 제품 바이트(P-바이트), 경쟁자 포지셔닝이 포함된다.

C-메시지C-Message: 캠페인 메시지는 캠페인 어젠다를 추진하고 전달하기 위해 고안된다. 일반적으로 캠페인 어젠다에 포함된 핵심 단어를 반복하는 짧은 문구다. 예를 들어 오바마의 C-메시지는 '우리가 믿는 변화', '우리는 할 수 있습니다', '변화와 희망'이다.

후보 포지셔닝 Candidate Positioning: 후보/제품에 대한 선거인/이해관계자의 인식에 선거팀이나 기업이 어떤 영향을 미치고자 하는지를 규정한다. 후보 포지셔닝은 일반적으로 캠페인 어젠다의 단어를 포함한다는 점에서 기존의 제품 포지셔닝과는 다르다. 예를 들어 오바마 선거팀은 오바마를 '변화를 일으키는 후보'로 포지셔닝, 즉 인식을 형성했는데 이는 '변화'라는 포괄적인 어젠다와 일치한다. 기존 제품 포지셔닝을 기술한 것과는 달리 초월기업 포지셔닝은 5단어 이내로 작성해야 한다.

어젠다 전달 Communicate the Agenda: 초월기업 체계의 두 번째 단계다. 초월기업은 강령이라는 간결한 메시지를 활용하여 이해관계자들이 그 메시지를 믿고 지지하고 반복하도록 독려한다. 강령에는 캠페인 어젠다를 비롯한 핵심 메시지를 1페이지로 간략하게 정리한 내용이 포함된다.

어젠다 옹호 Champion the Agenda: 초월기업 체계의 세 번째이자 마지막 단계는 어젠다 옹호다. 초월기업은 승리를 위한 4가지 유형의 행동인 접근, 우위, 전파자, 인식을 활용하여 내 방식의 게임에 경쟁자를 끌어들인다.

경쟁 지표 Competitive Measure: 성공을 거두기 위해 초월기업은 게임의 판도를 바꾼다. 많은 경우 게임의 성패를 측정하는 기준을 바꾸는 것을 의미한다. 경쟁 지표는 기업이 평가받고자 하는 새로운 기준이다. 예를 들어 아마존은 기업 매출과 수익성과 같은 기존의 지표를 우선시하기보다 고객 참여 지표를 중시한다. 이는 '고객 집착'이라는 캠페인 어젠다 전체와 완벽하게 일치한다.

경쟁자 포지셔닝 Competitor Counter-Positioning: 정치인이나 기업이 경쟁자 또는 경쟁 제품에 대해 이해관계자에게 심어주려는 인식이다.

경쟁 재창조 Competitive Re-Creation: 휴대전화와 같이 기존에 존재하는 제품을 재구상하여 혁신 제품을 만드는 것이다. 아이폰은 경쟁 재창조의 개념을 잘 보여주는 예다.

이중 일치 Double Alignment: 후보자나 제품의 포지셔닝에 캠페인 어젠다의 단어나 표현을 사용하는 것이다.

다차원 경쟁 Multi-Level Competition: 초월기업 체계에서 기업은 4가지 서로 다른 차원에서 경쟁을 벌일 수 있다. 브랜드 차원(예: 아이폰의 특정 세대), 제품군 차원(이전과 현재의 아이폰 모델을 포함한 아이폰 전 제품군), 포트폴리오 차원(애플의 제품 포트폴리오), 기업 차원(직원, 고객, 이해관계자가 애플이라는 기업에 대해 가지고 있는 인식)이다. 대다수 기업은 경쟁력 우위를 가장 확실하게 확보하는 차원에서 경쟁하기를 바란다.

패러다임 전환 Paradigm Shift: 패러다임 전환은 특정 영역이 위기에 봉착했을 때, 기존의 패러다임으로는 현존하는 증거를 더 이상 설명하지 못할 때 일어난다. 결국 기존의 관점은 실제에 더 가까운 새로운 관점으로 대체된다. 주목할 점은 패러다임 전환이 급격한 변화라는 것이다. 한마디로 발전이 아니라 혁명이다.

P-바이트P-Bites: 초월기업은 여러 브랜드 메시지 대신 2~3개의 '제품 바이트Product bites, P-Bites'를 사용한다. 각 P-바이트는 5단어 이내로 제품을 설명한다. 초월기업 체계에서 P-바이트는 기억하기 쉽다는 점에서 긴 브랜드 메시지를 효과적으로 대체한다.

내 방식으로 게임하기 Play Your Game: 기업이 경쟁 상황을 인식하거나 만들 때 직접 규칙을 만들고 경쟁자가 반응하도록 압박하며 궁극적으로 시장에서 상당한 경쟁우위를 확보하는 것을 의미한다. 자기 방식의 게임을 하는 기업은 게임에서 승리하기 마련이다.

정치적 각본 Political Playbook: 초월기업은 '어젠다를 변화'시키거나 경쟁자를 내 방식의 게임에 끌어들여 승리한다. 선거 방식의 캠페인을 수행하여 제품을 상업화한다. 이런 기업은 미국 대선처럼 1) 어젠다 수립 2) 어젠다 전달 3) 어젠다 옹호라는 3단계로 진행한다.

제품Product: 이 책의 목적에 맞게 '제품'을 제품, 상품, 서비스, 기술, 기타 혜택으로 정의한다.

제품 각본 Product Playbook: 전통주의 기업은 군사 작전 방식의 캠페인을 사용해서 제품을 상업화한다. 이들의 목표는 1) 우월한 기능과 이점을 토대로 제품 브랜드를 차별화하여 승리하기 2) 막대한 투자와 더 나은 홍보 전략을 활용해 경쟁자를 압도하기 등이다.

이해관계자^{Stakeholder}: 이해관계자에는 제품 전문가나 일반 전문가, 재무 및 시장 애널리스트, 기자, 기타 언론 관계자, 저명한 파트너, 구매자, 소비자 인플루언서나 블로거 등이 포함된다. 이처럼 영향력이 강한 지지자들은 미국 대선의 선거인단과 같은 역할을 한다. 대통령 후보들은 당선되기 위해서는 일반 투표가 아닌 선거인단 투표에서 이겨야 한다. 마찬가지로 초월기업은 고객과 다른 구매자들에게 막강한 영향력을 미치는 이해관계자의 마음을 사로잡아야 한다.

전통주의 기업^{Traditionalist}: 기존의 관습적인 마케팅 접근 방식으로 경쟁하는 기업이다. 이들은 제품 브랜드의 차별화를 통해 경쟁에서 이기고자 한다. 대다수 기업이 이제까지(경우에 따라 수백 년 동안) 해왔던 게임이다. 또한 전통주의 기업은 마케팅의 4P(제품, 유통경로, 촉진, 가격)라는 기준을 적용해 이기려 한다. 그래서 전통주의 기업은 초월기업의 게임에 휘말려 들거나 반응하는 데 그치는 경우가 일반적이다.

초월기업^{Transcender}: 제품 각본보다는 정치적 각본을 사용하여 전통주의 기업 경쟁자들을 추월하고 올라선다. 이러한 기업은 제품 차별화가 아닌 어젠다의 변화를 꾀하여 경쟁자가 초월기업에 유리한 게임에 응하지 않을 수 없도록 만들어 승리한다. 특히 단순하고 간결한 '캠페인 어젠다'를 전달하고 옹호하여 승리를 거둔다.

초월기업 체계^{Transcender System™}: 미국 대선을 참고하여 기업이 이길 수 있는 시장 환경을 조성하도록 고안된 독창적인 3단계 프레임워크다. 3단계는 1) 어젠다 수립 2) 어젠다 전달 3) 어젠다 옹호로 구성된다. 초월기업 체계는 마케팅 부문의 접근 방식이 아니다. 전사적全社的 접근이라는 점이 중요하다.

삼중 일치 Triple Alignment: 후보나 제품의 포지셔닝과 경쟁 지표에서 캠페인 어젠다와 동일한 단어나 표현을 사용하는 경우다.

승리를 위한 행동 Winning Actions: 행동은 기업의 캠페인 어젠다를 추진하기 위해 고안되며 기능, 부문, 지리적 활동을 넘나든다. 이러한 행동은 '접근Access, 우위Advantage, 전파자Advangelical, 인식Awareness'이라는 4A를 토대로 한다.

비즈니스 세계에서
승리하는 법이 달라졌다

1957년 소비에트 연합은 인류 최초의 인공위성인 스푸트니크 1호를 궤도에 쏘아 올려 미국과 전 세계를 충격에 빠뜨렸다. 이러한 위업은 □□었음을 뜻했다. 미국의 국가 안보에 심각한 위협이 아닐 수 없었다. 소련이 스푸트니크를 궤도에 쏘아 올린 바로 그 강력한 로켓으로 미국을 공격한다면 어떻게 할 것인가? 이 역사적 사건에 미국은 큰 충격을 받았고, 이후 '스푸트니크 순간'은 경쟁 관계에서 어느 한편이 상대에게 뒤처졌음을 깨닫는 순간을 의미하는 말이 되었다.

스푸트니크 발사 사건은 세계에서 가장 강력한 두 나라가 벌이는 훨씬 더 큰 냉전을 단적으로 보여주는 축소판이었다. 냉전으로 소련은 전 세계에 지배적인 영향력을 미치기 위해 이념, 정치, 경제, 기술, 군사 측면에서 미국과 힘을 겨뤘다. 소련은 공산주의를, 미국은 민주주의라는 각자의 글로벌 어젠다를 밀어붙이고자 했다. 문자 그대로나 비유적으로나 양국의 경쟁이 극에 달했던 시기는 우주 개발 경쟁이 벌어진 1955~1969년이었다.

스푸트니크 1호가 발사되고 4년 후, 미국은 소련의 우주비행사인 유리 가가린Yuri Gagarin이 보스토크 1호를 타고 지구 궤도를 비행하자 다시 한번 허를 찔렸다. 이 사건은 미국 전역에 충격과 경고음을 울렸다. 존 F. 케네디 대통령과 고문단은 국민들이 우주에서 날아오는 소련의 미사일 공격을 당할지도 모른다는 공포에 떨고 있음을 알고 있었다. 케네디는 미국이 이번 우주 개발 경쟁에서는 이길 수 없다는 것도 알았다. 이미 소련은 최초의 인공위성 발사와 인류 최초의 궤도 비행에 성공했다. 케네디는 어떻게 했을까? 그는 **게임을 바꿨다.** 우주 개발 경쟁을 달 탐사 경쟁으로. 그러고는 'Man on the Moon(유인 달 탐사)'이라는 네 단어를 목표로 제시했다.

1961년 5월 25일 케네디는 의회 연설에서 "미국이 1960년대가 끝나기 전에 인류를 달에 착륙시키고 지구로 무사히 귀환한다는 목표를 달성해야 한다"라고 강조했다. 1962년 9월 12일 휴스턴에서 한 연설에서도 미국인과 전 세계인에게 이러한 목표를 다시 천명했다.

"우리나라는 1960년대가 끝나기 전에 인간을 달에 착륙시키고 지구에 무사히 귀환한다는 목표를 달성하기 위해 노력해야 합니다. (…) 우리는 달에 가기로 결정했습니다. (…) 이 도전은 우리가 이룩하려는 열망이기 때문입니다."

케네디는 세계가 두 열강을 평가하는 척도를 바꾸어서 '우주 개발 경쟁'을 달 탐사로 변경했다. 미국이 이길 수 있는 척도란 '인류 최초의 우주 비행'이 아닌 '인류 최초의 달 착륙'이었다. 그는 그때까지 유효하던 골문을 다른 곳으로 옮겼다.

1961년 연설을 하기 전날 케네디는 휴스턴에 있는 NASA(미국항공우주국)를 처음으로 방문했다. 전해오는 말에 따르면 케네디는 복도에서 빗자루를 든 한 남성을 마주쳤다. 케네디는 "NASA에서 어떤 일을 합니까?"라고 물었다. 그러자 청소부는 "인류의 달 착륙을 돕고 있습니다"라고 답했다. 이 청소부는 1961년 연설 덕분에 더 큰 대의에서 자신이 맡은 역할을 이해하고 있었던 것이다. 그가 건물을 청소하고 쓰레기 치우는 일을 하면 NASA의 과학자, 엔지니어, 우주비행사가 유인 달 탐사라는 임무에 오롯이 집중할 수 있게 된다.

케네디는 승리를 위한 몇 가지 행동을 계획하고 어젠다를 소련의 우주 개발 경쟁에서 미국의 유인 달 탐사로 바꿨다. NASA의 임무를 위해 90억 달러의 예산을 추가로 확보했으며 IBM의 첨단 컴퓨터 시스템을 포함해 미국 최고의 엔지니어, 과학자, 기술자를 투입할 수 있도록 했다.

안타깝게도 케네디는 1963년 11월 22일 암살당해 유인 달 탐사의 순간을 맞이할 수 없었다. 하지만 헌신적인 NASA 팀이 케네디의 달 탐사 임무를 완수했다. 1969년 7월 20일 미국의 우주비행사인 닐 암스트롱은 인류 최초로 달에 첫발을 내디뎠다.

2019년 컨설팅 회사인 인터브랜드Interbrand는 〈대담한 도전: 고객 기대의 변화Iconic Moves: Transforming Customer Expectations〉라는 보고서에

서 케네디의 간결한 표현이 전례 없는 성과를 거두는 데 어떤 역할을 했는지를 분석했다. 인터뷰에서 아폴로 11호에 탑승했던 마이클 콜린스는 케네디가 내걸었던 약속에 대해 "임무를 성공시키는 데 강력한 추진력이었다"라고 표현했다. 콜린스는 "[1961년 연설의] 한결같고 명료한 표현은 임무를 이루기까지 수년 동안 북극성과도 같은 역할을 하여 난관을 극복하고 절차에 속도를 내는 데 도움이 되었으며 모두에게 분명한 목표와 일정을 제시했다. (…) 존 케네디가 내린 지시의 단순하면서도 꾸밈없는 아름다움은 우리가 달을 향해 가는 과정에서 큰 도움이 되었다"라고 말했다.

케네디와 미국은 우주 개발 경쟁을 유인 달 탐사라는 '게임으로 바꾸면서' 승리했다. 이처럼 판도를 바꾸는 접근은 특히 선거 기간 중 정치인들이 일반적으로 사용하는 방식이다. 정치인들은 이를 '어젠다 변경'이라고 부른다. 정치 용어로 '슬로건Campaign Agenda'은 후보자가 선거인들에게 전달하고자 하는 핵심적이고 전체를 아우르는 개념인 동시에 경쟁 후보를 끌어들이려는 게임을 의미한다. 케네디의 간결한 어젠다인 '유인 달 탐사'와 이를 뒷받침하는 행동은 인류 역사상 가장 위대한 업적 달성으로 이어졌다.

나는 35년 이상 전 세계에서 경쟁과 관련한 컨설팅을 해오면서 선도기업 역시 **브랜딩Branding이 아닌 캠페인 어젠다**로 게임의 판도를 바꾼다는 것을 발견했다. 역사적으로 기성 기업은 주로 마케팅 전략을 활용하여 브랜드를 차별화한다. 하지만 애플, 스타벅스, 펠로톤과 같은 기업은 기존의 브랜드 게임을 하지 않는다. **직접** 게임을 만들어 어젠다를 실행하고 경쟁자가 새로운 게임에 응하도록 만든다.

1997년 애플은 파산 위기에 처해 있었지만 스티브 잡스가 'Think Different(다름을 생각한다)'라는 두 단어의 캠페인 어젠다를 제시하면서 세계에서 가장 가치 있는 기업으로 거듭났다. 제프 베이조스는 'Customer Obsession(고객 집착)'이라는 두 단어의 캠페인을 실행하여 지구에서 가장 지배적인 소매업체가 되었다. 스타벅스는 'The Third Place(제3의 공간)'라는 세 단어 어젠다를 실행하여 매장이 1년에 한 곳 추가되던 것에서 하루에 4곳 정도 추가되는 변화를 이루어 전 세계 커피 산업에 지각 변동을 일으켰다.

영국 주류 스타트업 시드립Seedlip은 완전히 새로운 게임을 하면서 불과 4년 만에 무알코올 증류주 분야를 장악했다. 홈 트레이닝 기업 펠로톤Peloton은 세계적 수준의 스튜디오 사이클링 경험을 재구상했으며, 소기업이었던 헤일로탑Halo Top 아이스크림은 '죄책감 없는 아이스크림' 게임으로 거대 기업인 유니레버Unilever를 추월했다. 구글, 우버, 글로시에, 스위트그린 등 많은 기업 또한 기존 게임을 바꾸어 각자의 시장에서 승리를 거뒀다. 나는 이들을 '초월기업'이라 부른다. 제품 각본보다는 정치적 각본을 사용하여 기존의 경쟁자들을 제치고 올라섰기 때문이다.

어린 시절에 스포츠 팬이었던 나는 '어떤 팀은 이기고 다른 팀은 지는 이유가 무엇인가?' 하는 의문에 답을 찾으려고 씨름했다. 앨라배마의 크림슨 타이드 미식축구팀이 내가 응원하는 밴더빌트 코모도스를 해마다 완파하는 이유가 궁금했다. 경기는 2쿼터에 끝나버리는 경우가 대부분이었다. 어느 순간 앨라배마의 전설적 감독인 폴 브라이언트가 더 훌륭한 선수를 선발하고 육성하는 **승리하는 체계**를 갖추고 있다는 것을 깨달았다.

비슷한 시기에 존 우든 감독이 UCLA 브루인스를 대학 남자 농구 역사상 최장 기록인 88경기 연속 승리를 거두고 결국에는 12년 만에 NCAA 타이틀을 따내는 모습을 시청하며 놀랐던 기억이 난다. 우든 감독은 '성공의 피라미드'라는 15블록의 승리하는 체계를 사용하여 우승에 이르렀다. 나는 이들을 포함한 전설적인 팀들이 지속적으로 승리를 거둔 방식을 연구하고 분석하는 데 매진했다.

시간이 흘러도 앨라배마는 밴더빌트와 다른 팀을 계속 압도했다. 앨라배마는 밴더빌트와의 최근 37경기 중 36경기를 이겼고 가장 최근에는 저명한 닉 세이번 감독의 지휘 아래 승리를 거뒀다. 2020년 세이번은 승리하는 체계를 앞세워 베어 브라이언트를 제치고 대학 미식축구 챔피언을 가장 많이 차지한 인물이 되었다. 세이번은 결과보다는 우수한 선수 포착, 선발, 육성, 훈련, 경기 준비와 같은 요소에 집중한 '프로세스' 덕분이라고 밝혔다. 그는 자신의 감독이자 멘토였던 뉴잉글랜드 패트리어츠 팀의 빌 벨리칙이 사용한 체계의 일부를 채택했다고 밝혔다. 벨리칙은 '자기 임무를 해내라'라는 승리하는 체계를 적용하여 내셔널 풋볼 리그 슈퍼볼을 여섯 번 우승하는 기록을 세웠다.

비즈니스로 내 관심사를 옮기면서 비즈니스 세계에도 승자와 패자가 분명한 '게임'이 벌어진다는 것을 발견했다. 어릴 적 여러 팀을 분석했던 것과 똑같은 결의로 이 게임을 이해하고 이기는 방법을 알아내기 위해 비즈니스를 연구했다.

지난 수십 년 동안 경영자이자 컨설턴트로서 비즈니스가 승리하는 체계를 찾는 노력을 기울였지만 어떤 기업은 이기고 다른 기업은 패배하는 이유에 대해 그 어떤 전문가나 책에서도 명쾌한 설명을 듣지 못했다. 그래서 승리하는 체계를 직접 만들기로 했다.

2008년 버락 오바마 상원의원의 대선 캠페인을 보며 눈이 번쩍 뜨이는 깨달음을 얻었다. 잘 알려지지 않은 초선 상원의원이 탁월한 캠페인 소통과 전략을 써서 유명한 두 정치 거물을 무너뜨리는 모습에 매료되었다. 오바마는 힐러리 클린턴을 제치고 민주당 대선 후보로 지명되었고, 그 후에는 존 매케인 후보를 이기고 대통령에 당선되었다. 어젠다를 중심으로 하는 오바마의 접근 방식은 아마존이나 애플 같은 기업이 다른 경쟁자들을 압도하며 **초월하는** 모습과 유사했다. 나는 선거 캠페인 스타일의 접근 방식에 '초월기업 체계Transcender System™'라는 이름을 붙였다.

초월기업 체계는 모든 비즈니스 전문가가 배우고 기업의 승리에 보탬이 되

도록 적용할 수 있는 강력하고 검증된 실용적 접근 방식이다. 나는 6개 대륙 60개국의 《포춘》500대 기업 10여 곳과 150곳의 다른 기업, 해당 기업과 연관된 1만 5천 명 이상의 비즈니스 전문가와 컨설팅을 진행하면서 이 체계의 효과를 검증했다. 초월기업 체계는 누구나 하는 기존의 '브랜드' 게임을 하는 대신, 내 방식의 게임을 만들어 경쟁자가 그 규칙에 따라 게임을 하지 않을 수 없도록 만들기 때문에 지속적으로 효과를 낸다.

나는 14년 동안 와튼 경영대학원에서 선임연구원을 지내면서 스탠퍼드 대학교 경영대학원, 노스웨스턴 대학교 켈로그 경영대학원, 컬럼비아 대학교 경영대학원에서 초월기업 체계를 가르쳤다. 내가 진행하는 워크숍, 세미나, 강연에 참석한 많은 경영진, 전문가, 학생들은 초월기업 체계가 자신의 사고방식과 비즈니스 경쟁을 크게 변화시켰다고 밝혔다. 기업 세미나에 참석했던 한 최고경영자는 초월기업 체계가 "기업과 제품을 위한 세계에서 가장 강력한 승리 체계"라고 말했다.

이 책에서는 3단계로 구성된 초월기업 체계의 비법을 공유한다. 이 체계는 제품, 지역, 기능 부문을 넘나든다. 애플, 아마존, 스타벅스, 나이키, 우버, 구글, 펠로톤과 같은 선도적인 '초월기업'에 대한 16개 사례 연구를 통해 이 시스템이 어떻게 작동하는지 설명할 것이다. 또한 뷰티와 코스메틱 브랜드 글로시에Glossier 밀키 젤리 페이스 워시 Milky Jelly Face Wash부터 레미샤인의 식기세척기 세제, 가이코의 자동차 보험, 테슬라의 전기차에 이르는 성공한 여러 제품의 사례도 다룰 것이다. 초월기업 체계를 미국, 유럽, 러시아, 남아프리카공화국, 일본, 호주, 그 밖에 주요 국가 대부분에서 적용했다.

중요한 사실은 초월기업 체계가 마케팅에 국한한 접근이 아니라 **전사적인 접근**이라는 것이다. 오늘날 기업은 마케팅과 영업에만 초점을 맞춰서는 더 이상 승리할 수 없다. 각각의 직원이 믿고, 전달하고, 옹호해야 하는 캠페인 어젠다야말로 승리로 이끈다. 오케스트라에서 연주자들이 같은 악보를 보고 연주하듯 모든 전문가가 캠페인 어젠다에 따라 움직일 때 기업이 승리할 수 있다. 따라서 이 책은 기업에서 맡은 역할이나 속한 시장에 관계없이 구성원과 그 동료들 모두에게 적용된다.

이제 최고의 기업들이 어떻게 자기만의 방식대로 게임을 펼치는지 알아볼 준비가 되었는가?

0단계

1

어떤 시장에서든
통하는 성공 방정식

'브랜딩'이라는 용어는 '태우다'를 뜻하는 고대 노르드어 'brandr'에서 유래했다. 초기 인류는 불에 태운 나무를 이용해 가축에 대한 소유권을 표시했다. 오늘날 인도 지역인 인더스 계곡에서 가축을 브랜딩하던 것을 시작으로 '브랜딩'이라는 용어는 4천 년 넘게 존재해왔다. 수백 년 동안 점차 다른 문명에서도 도기(새기기), 벽돌(쿼리마크), 종이(워터마크), 그림(화가의 서명)과 같이 상품을 식별하기 위해 브랜딩을 사용하기 시작했다.

기원전 800년경 고대 그리스에서는 메틱스^{Metics}라 불리던 소수의 기업가가 초기 단계의 브랜딩 전략을 사용하여 도기를 비롯한 기타 상품을 구분 짓기 시작했다. 국제적인 기업 가운데 천 년 넘게 브랜드를 보유하는 예도 있는데, 스타펠터 호프 와인^{Staffelter Hof Wines}은

1,156년의 역사를, 샤토 드 굴랭 와인Chateau de Goulaine Wines은 1,018년의 역사를 자랑한다. 산업혁명을 계기로 기업이 상품을 아주 먼 곳까지 실어 나를 수 있게 되면서 브랜딩 작업은 본격화했다. 이러한 기업에서는 현지에서 잘 알려진 생산 상품과 경쟁하기 위해서 자사 상품이 지니는 다양한 특징을 토대로 대중에게 브랜딩 전략을 펼쳤다.

미국에서 가장 오래된 브랜드는 수백 년 전 시작되었다. 크레인 앤코(Crane and Co., 1799년, 종이), J. P. 모건체이스(J. P. Morgan Chase, 1799년, 은행), 듀폰(Dupont, 1802년, 화학 약품 및 과학 관련 상품)과 같은 브랜드의 상품과 서비스가 대표적인 사례다. 소비재 기업들은 코카콜라Coca-Cola, 하인즈 케첩Heinz Ketchup, 켈로그Kellogg 시리얼 등 오늘날 가장 오래되고 잘 알려진 브랜드를 마케팅하면서 계속 발전해왔다.

오늘날까지도 **대다수 기업은 과거에 존재했던 게임을 계속 이어오고 있다. 바로 '브랜드 차별화'라는 게임이다.** 기업은 제품 브랜드를 만들고 광고, 홍보, 판매원, 기타 전략을 활용하여 브랜드를 차별화한다. 그들은 모두 제품 선택에 기반한 비즈니스 경쟁의 전통적인 모델, 즉 소비자가 브랜드를 선택하기 때문에 나는 이 회사들을 '전통주의 기업'이라고 부른다.

하지만 거의 40년간 수백 개 기업의 수천 가지 제품 경쟁과 관련해 컨설팅과 분석을 해온 결과, 절대적인 비중은 작지만 점점 더 많은 성공적 기업이 전통주의자들의 브랜드 게임이 아닌 자신들이 만든 게임을 하는 것으로 드러났다. 이러한 기업은 제품 선발에 기반한 접근 방식을 사용하여 시장의 판도를 바꾸고 경쟁자들을 앞서나간다는 점에서 나는 '**초월기업**'이라고 이름 붙였다.

이처럼 서로 경쟁 관계에 있는 두 모델의 체계는 제품을 상업화할 때 뚜렷하게 구분된다. 우선 전통주의 기업이라고 부르는 체계는 **제품 각본**을 토대로 하며, 경쟁에서 좀 더 오래되고 전통적인 모델이다. 여전히 대다수 기업이 이와 같은 전통주의 방식으로 운영된다. 두 번째 모델인 '초월기업 체계'는 **정치적 각본**을 토대로 한다.

인터넷이 바꾼 기업의 경쟁 방식

성공을 거둔 기업들이 제품 각본이 아닌 정치적 각본을 점점 더 많이 사용하는 이유는 무엇일까? 한마디로 인터넷 때문이다. 인터넷이 널리 보급되기 전에도 나이키, 스타벅스와 같이 몇몇 초월기업이 있기는 했지만 여기서 가리키는 대다수의 초월기업은 닷컴 시대 인터넷의 등장 이후에 생겨났거나 애플처럼 기존 기업이 초월기업의 접근 방식을 채택한 경우다.

인터넷은 기업의 경쟁 방식을 완전히 바꿨다.

첫째, 인터넷을 사용하면서 경쟁 상품의 숫자가 급격히 증가했다. 브랜드 기업이 전 세계 다른 기업이 만든 수십만 가지 유사 제품과 경쟁을 벌이는 경우도 있다.

둘째, 인터넷을 마케팅 채널로 이용하면서 시장 정보와 브랜드 광고량이 기하급수적으로 증가했다. 《포브스》에 따르면 일반 소비자가 **날마다 무려 만 건의 광고**에 노출된다. 잠재고객은 제품과 관련된 온갖 선택 사항, 광고 메시지 같은 시장의 소음에 압도당하는 실정이다.

셋째, 인터넷으로 인해 어마어마한 제품 리뷰와 데이터가 쏟아졌다. 이제 잠재고객은 아마존이나 다른 여러 사이트에서 사용자 리뷰를 통해 제품에 대한 전 세계인의 피드백을 실시간으로 확인할 수 있다. 오늘날 소비자들은 점점 더 브랜드에 편향된 기업이 홍보하는 정보보다 실제 사용자의 후기를 좀 더 정확하고 믿을 만하다고 인식한다. 그 결과, 더 유명한 경쟁 기업이 막대한 홍보비를 썼더라도 사용자 평점이 낮으면, 소비자는 평점이 높은 제품을 더 선호하는 현상이 벌어졌다.

아마존에는 리뷰가 1만 5천 건이 넘는 베스트셀러 제품이 즐비하다. 대표적인 예를 2가지 들어보면, '인스턴트 팟듀오 7가지 기능 압력솥'에는 15만 개의 리뷰가 달려 있으며 'HSI 프로페셔널 글라이더 판 고데기'에는 6만 5천 개 리뷰가 달려 있다. 둘 다 잘 알려지지 않은 브랜드이고 상대적으로 소규모 기업이 만든 제품이다.

한마디로, 제품 인식은 점점 더 기업보다는 고객들에 의해 형성되고 있다. 이것이 제품의 대중화다. 제품은 선택Selection되는 것이 아니라 투표를 통해 선발Election되는 모양새다.* 앞으로 살펴보겠지만 패밀리 레스토랑 체인인 스위트그린Sweetgreen은 '건강식'을, 화장품 기업 글로시에Glossier는 '미용 제품'을 대중화했다. 이 같은 권력의 이동은 전통주의 기업의 브랜드 게임을 약화시키는 대신 헤일로탑 아이스크림, 레미샤인Lemi Shine 주방세제와 같은 신흥 기업이 유니레버, 프록터앤갬블Proctor&Gamble 등 브랜드 공룡 기업과 맞붙어 공정하게 경쟁할 기회를 제공하고 있다.

실제로 제품 경쟁 환경은 점점 미국 대선을 닮아가고 있다. 2016년 공화당 대선 예비선거에는 1948년 이래 가장 많은 17명 후보가 출마했다. 2020년 민주당 예비선거 캠페인이 시작될 때는 후보자가 29명에 달해 역대 최대 규모를 기록했다. 후보자가 너무 많아서 한 무대에서 토론하기가 어려울 정도였다.

유권자들은 온갖 정치인, 정책, 정치공작, 메시지에 압도당했다. 노련한 정치인들은 이 정치 싸움에서 자신을 돋보이고, 화두를 독차지해 경쟁자들을 따돌리고 앞으로 치고 나가야 한다는 사실을 잘 알았다. 그러려면 아주 중요하고 기억하기 쉬운 단 하나의 선거 슬

---

* 여기서 selection과 election은 둘 다 선택이나 선정과 관련된 단어인데, 그 의미와 맥락에서는 중요한 차이가 있다. selection은 더 일반적인 선택 과정을 가리키며, election은 주로 정치적인 맥락에서 공식적으로 후보자나 정책을 선택하는 과정을 나타낸다. 이 책에서 selection은 '선택'으로, election은 '선발'로 번역했다.(옮긴이)

로건을 내걸어야 했다. 2008년 버락 오바마는 '변화'라는 슬로건으로 성공을 거뒀다. 2016년 도널드 트럼프 역시 단순하지만 효과적인 '미국을 다시 위대하게Make America Great Again'라는 슬로건으로 승리했다. 2020년 조 바이든은 '미국의 정신을 위한 투쟁Battle for the Soul of America'이라는 기치를 내걸어 선거를 상대 후보 도널드 트럼프의 자격을 묻는 국민 투표로 포장하여 당선되었다. 초월기업은 주로 간결하고 영감을 주는 정치 스타일의 소통 방식 덕분에 전통주의 기업에 승리한다.

게다가 초월기업은 지지자들에게 영감을 주는 방식 때문에 정치적 각본에 이끌린다. 유권자가 표를 던지는 대상은 정치인 후보나 정책이 아닌 신념이다. 그들은 대선 후보가 자신들의 삶을 개선해주길 바란다. 다시 말해 유권자는 단순히 정보를 찾는 것이 아니라, 영감을 찾는다고 할 수 있다. 점점 더 많은 고객이 같은 것을 원한다. 자신의 삶의 질을 높여주리라 믿는, 영감 넘치는 기업을 선호하는 것이다. 그들은 종종 기업의 제품보다 원칙에 이끌린다. 이러한 고객들은 기업의 제품을 구매하기에 앞서 그 기업이 내건 약속을 신뢰할 수 있어야 한다고 생각한다.

전통주의 기업과 초월기업 사이에는 두드러진 차이가 많다.

전통주의 기업은 제품 차별화, 예를 들어 더 강하고, 빠르고, 오래가는 특징이나 다른 혜택을 근거로 경쟁 브랜드가 아닌, 자사 브랜드를 선택하라고 고객을 설득한다. 실제로 많은 전통주의 기업은 잠재고객을 상대로 철저한 시장 조사를 통해 경쟁 제품보다 더 나은 자사 제품의 특징과 이점을 가려내려고 애쓴다.

전통주의 기업의 마케터들은 고객에게 무엇을 원하고 필요로 하는지 물어본다. 설문 조사, 포커스 그룹, 디자인 회의, 그 밖에 다양한 시장 조사를 통해 경쟁사 제품 대비 기존 제품을 개선할 방법을 찾는다. 이것은 고객이 주는 피드백에 반응하는 방식이다. 애플의 CEO를 지낸 스티브 잡스는 언젠가 이렇게 말한 적이 있다.

"고객에게 무엇을 원하는지 묻고 그것을 그대로 제공하려 해서는 안 됩니다. 그것을 구현하는 동안 그들은 다른 것을 원합니다."

불행히도 기존의 제품 개발은 혁신보다는 점진적 개선일 때가 많았다. 예를 들어 경쟁 관계인 전통주의 기업 버크셔해서웨이Berkshire Hathaway와 에버레디배터리컴퍼니Eveready Battery Company는 각각 듀라셀과 에너자이저 브랜드로 소비자 가전 시장에서 경쟁을 벌이고 있다. 시간이 지나면서 두 회사는 배터리 수명과 전력, 다른 기능을 토대로 브랜드 실적을 높이고 차별화를 꾀했다.

| 전통주의 기업 체계와 초월기업 체계의 비교 |

주요 차이점	전통주의 기업 체계 (제품 선택)	초월기업 체계 (제품 선발)
성공 비결	브랜드 차별화	어젠다 변경
각본	제품 각본	정치적 각본
제품 개발	발전적 (점진적 변화)	혁신적 (초월적 변화)
캠페인 양식	군사 작전	선거 운동
전달 방식	브랜드 메시지 (여러 다양한 메시지 전달)	강령 (전체를 아우르는 하나의 약속)
광고 대상	고객	고객과 이해관계자
마케팅 실행	마케팅 믹스(4P)	승리를 위한 행동(4A)
행동 변화	구매	신뢰
기업 목표	제품 구매	초월적 경험

이 같은 전통주의 접근은 **혁신적이고 판도를 바꾸는** 제품을 만들려는 초월기업과 상반된다. 초월기업의 마케터들은 기업이 원하는 바를 고객에게 말한다. 마케팅 직관력과 독창적인 사고를 활용해 심지어 고객 자신도 원하는지 몰랐던 제품을 재구상한다. 고객에게 반응하는 것이 아니라 '주도'하는 것이다. 초월기업의 대표적인 예가 애플의 아이폰, 테슬라의 전기차, 구글의 검색 엔진이다.

대체로 전통주의 기업은 군사 작전식의 캠페인을 펼쳐 제품을 상품화한다. 이들의 목표는 2가지다. 하나는 뛰어난 기능과 이점을 토대로 제품 브랜드를 차별화하여 성공하는 것이다. 다른 하나는 막대한 투자와 더 나은 홍보 전략으로 경쟁사를 제압하는 것이다. 일반적으로 전통주의 기업은 마치 군대가 침공을 준비하듯 대상 분야나 고객층에 제품을 출시할 준비를 한다. 군사적 방식의 기밀 전략계획을 세운 뒤 광고와 홍보를 통해 대대적인 '공중 엄호'를 하면서 시장 공격에 나선다. 경우에 따라 이 공격은 영업이나 계정 담당자 부대가 이끄는 '지상 공격'으로 이어진다. 이러한 브랜드 전쟁은 경쟁 관계의 기업들이 서로 시장 주도권을 잡기 위해 몇 년간 계속된다.

반면 초월기업은 어젠다를 바꾸어 자사가 만든 게임의 규칙을 경쟁사가 따를 수밖에 없도록 만들어 승리를 거머쥔다. 초월기업은 **선거 운동 방식**을 사용하여 제품을 상품화한다. 이 방식은 대개 혁신적이거나 관행에서 벗어난다. 기업에서는 미국 대선과 마찬가지로 어젠다 수립, 어젠다 전달, 어젠다 옹호라는 3단계를 거친다. 이들은 어젠다를 추진하고 영향력 있는 '이해관계자'와 함께 제품을 '후보'로 내세우기 위해 강령을 세운다.

이해관계자에는 제품에 정통한 사람이나 전문가, 금융 및 시장 분석가, 언론인, 기타 미디어 대표, 유명한 협력사와 구매자, 소비자 인플루언서나 블로거 등이 포함된다. 이처럼 영향력이 큰 지지자들은 미국 대선에서 선거인단 538명과 같은 역할을 한다. 대통령이 되기 위해 대선 후보들은 일반 투표가 아닌 선거인단 투표에서 이겨야 한다. 마찬가지로 초월기업은 고객과 다른 구매자들에게 막강한 영향력을 미치는 이해관계자의 마음을 얻어야 한다. 정치인들은 대선 승리를 위해 화두를 선점하고 방송 채널을 점유해야 하듯, 초월기업 역시 제품 선발전에서 승리하기 위해 미디어와 더불어 미디어 인플루언서인 이해관계자를 활용해야 한다.

특히 **초월기업은 캠페인 어젠다를 앞세운 뒤 브랜드를 내세운다.** 약속을 지지하기 위해 브랜딩을 사용하지만, 브랜드에 집중해 성공을 거두는 것이 아니다. 그 대신 이해관계자의 생태계 전반에 1페이지 분량의 중요한 강령을 만들어 반복해서 울려 퍼지게 한다. 이러한 기업은 일관되고 간결한 소통을 통해 온오프라인 미디어 채널을 얻기 위해 선거 운동 방식의 캠페인을 진행한다.

60년 넘게 전통주의 기업은 4P로 요약되는 제품(Product, 상품이나 서비스), 가격(Price, 제품 비용), 유통경로(Place, 배포 채널), 촉진(Promotion)으로 구성된 관습적인 마케팅 도구를 활용했다. 광고, 홍보, 영업 인력, 고객 관리 같은 전략에 집중했다. 전통주의 기업은 일반적으로 브랜드 전쟁에서 승리하기 위해 압도적인 홍보를 활용한다.

초월기업은 그러한 기본적인 홍보 전략에 기대지 않는다. 그보다는 내가 '4A'라고 부르는, 보다 정교한 '승리를 위한 행동'을 취한다. **4A란 접근**Access, **우위**Advantages, **전파자**Advangelical, **인식**Awareness이다. 이러한 전략은 기업의 약속을 알리기 위해 고안되었다. 여러 기능, 분야, 지리적 활동을 아우른다. 4가지 A에 대해서는 차차 다루겠다.

전통주의 기업은 고객이 판매 권유에 넘어가 제품을 구매하기를 바란다. 반면 초월기업은 제품 구매를 넘어 초월적인 제품 경험을 제공하려 한다. 쉽게 말하면, 고객과 다른 이해관계자가 기업을 '신뢰하고' 제품 경험을 다른 사람들과 공유하기를 원하는 것이다. 초월기업 체계에서는 기업과 비즈니스 전문가가 완전히 다른 차원의 전략을 펼쳐 모든 전통주의 기업 위에 올라설 수 있다.

제품 선택이 아닌 선발로, 패러다임의 전환

브랜딩의 역사가 4천 년 가까이 흐른 지금, 선도기업이 점차 초월기업으로 변화하고 있다는 사실은 비즈니스가 작동되는 방식에 패러다임의 전환이 일어나고 있음을 뜻한다. 조지메이슨 대학교의 커뮤니케이션학과 부교수인 앤드루 핀Andrew Finn 박사는 "어떤 분야에서 위기가 발생할 때 패러다임 전환이 일어납니다. 옛 패러다임은 더 이상 증거를 충분히 설명하지 못하죠. 결국 과거의 시각은 현실을 보다 정확하게 담아내는 새로운 시각으로 대체됩니다"라고 설명한다. 즉, 존재하는 증거와 더 잘 들어맞는 틀이 등장하여 새로운 관점의 세계가 구축되는 것이다. 패러다임 전환은 진화가 아닌 혁명이다.

　지구가 평평하지 않고 둥글다는 발견이 패러다임 전환의 좋은 예다. 기원전 5세기 그리스의 철학자 피타고라스는 역사상 처음으로 지구가 구체일 것을 암시했지만, 포르투갈 탐험가 페르디난드 마젤

란과 선원들이 1519~1522년에 지구를 일주하고 나서야 그 사실이 증명되었다.

패러다임 전환은 사람들이 사실을 해석하고 바라보고 생각하고 느끼고 행동하는 방식을 결정한다. 초월기업 체계에서 제품 선택이 아닌 제품 선발로 패러다임 전환이 일어나면서 기업의 경쟁 방식에도 대대적인 변화가 일어났다. 초월기업의 접근 방식은 4천 년 동안 이어온 브랜딩, 수백 년 동안 지속된 브랜드 차별화 전략과 배치된다. 앞으로 기업의 성공은 이러한 초월적 변화에 어떻게 대응하느냐에 달려 있다. 이러한 변화를 빠르게 알아차리고 초월기업 체계를 효과적으로 활용하는 기업은 제품 출시, 영업, 이익, 영향력 면에서 눈부신 성장을 경험할 것이다.

초월기업은 브랜드 차별화가 아닌 어젠다를 변화시켜 성공한다는 점이 가장 중요하다. 경쟁사가 자신의 게임 규칙을 따르도록 강제함으로써 비즈니스 세계를 혁신하고 있다. 2장에서는 어젠다를 변화시키는 방법을 이해하기 위해 미국 대선 캠페인을 자세히 살펴보겠다.

· 과거의 브랜드 차별화 방식은 잊어라

브랜딩은 인더스 계곡에서 가축을 브랜딩하던 데서 출발하여 4천 년 넘게 지속되었다. 산업혁명이 일어나면서 대량 판매 시장이 조성되고 소비자 브랜드 기업이 발전했다. 지금도 대다수 기업이 브랜드 차별화라는 동일한 게임을 하고 있다. 이들은 제품 브랜드를 만들고 광고, 홍보, 영업 담당자, 기타 전략을 활용하여 브랜드 차별화를 추구한다. 이러한 기업은 전통적인 제품 각본을 사용한다는 점에서 '전통주의 기업'이라고 부르겠다.

· 새롭게 등장한 초월기업이 성공하는 방식

그러나 인터넷이 등장하면서 전통주의 기업의 브랜드 게임에 동참하지 않고 성공을 거두는 기업이 갈수록 늘어가고 있다. 한마디로 자신만의 게임을 하는 기업이다. 이들이 게임의 판도를 바꾸고 정치적 각본을 사용하여 경쟁자를 이긴다는 점에서 '초월기업'이라고 부르겠다.

　　- 초월기업은 브랜드 차별화가 아닌 어젠다 변화를 통해 성공한다.

　　- 초월기업은 제품을 상업화할 때 군사 작전이 아닌 선거 운동을 펼친다.´

・전통주의 기업에서 초월기업으로 패러다임이 바뀌고 있다

전통주의 기업 체계와 초월기업 체계는 제품 상업화에서 다른 경쟁 모델을 나타낸다. 인터넷의 등장으로 초월기업 체계를 사용하는 기업의 숫자가 급격하게 증가했다. 전통주의 기업 체계에 대한 기존의 시각은 완전히 새로운 초월기업 시각으로 인해 점점 도전받고 있다. 제품 선택에서 제품 선발로 바뀌는 패러다임 전환은 기업의 경쟁 방식을 근본적으로 바꾸어놓았다. 이러한 혁명적 변화를 이해하고 제품 상업화를 선거와 같이 접근하는 기업과 전문가는 제품 판매에서 훨씬 뛰어난 성과를 얻고 있다.

2

오바마의
승리 방식에서 배워라

오늘날 제품은 선택Selection되는 것이 아니라 선발Election된다. 시장에서 제품이 승리하기를 원한다면 미국 대선을 연구하면 된다. 어떤 대선 캠페인은 기업과 전문가들에게 강력한 청사진을 제시한다. 여러 사례 가운데 2008년 버락 오바마의 첫 번째 대선 캠페인을 소개한다. **초월기업 체계의 기본적인 3단계인 어젠다 수립, 어젠다 전달, 어젠다 옹호를 분명히 보여주기 때문이다.**

2004년 보스턴에서 열린 민주당 전당대회에서 버락 오바마 상원의원이 연단에 올랐을 때《필라델피아 인콰이어러》는 '대체 이 사람은 누구인가?'라는 헤드라인을 띄웠다. 대다수 미국 유권자들에게 오바마는 생소한 이름이었다. 당시만 해도 그가 2008년 대선을 4년여 앞두고 비공식적으로 대선 캠페인을 시작했다는 사실을 아는 사

| 초월기업 체계: 어젠다 수립·전달·옹호 |

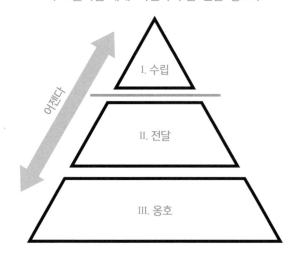

람은 더더욱 드물었다. 하지만 오바마와 그의 측근들은 프랭클린 루스벨트와 빌 클린턴을 비롯해 과거의 몇몇 대통령이 민주당 전당대회에서 열띤 대선 후보 지명 연설로 자신의 대선 운동을 시작한 사실을 잘 알고 있었다.

오바마는 연설의 서두에서 자신의 인종과 성장배경이 '변화'를 상징한다는 점을 암시했다. 그는 자신이 "무대에 서 있는 자체가 꽤 비현실적으로 보일 수도 있다"는 점을 인정했다. 그의 아버지는 케냐에서 유년기를 보낸 외국인 유학생이었고, 할아버지는 영국인을 위해 일하던 가사 노동자였다. 오바마의 부모는 아들의 이름을 "관용이 넘치는 미국에서는 성공에 장벽이 되지 않으리라 생각하며 '축복

받은'이라는 뜻의 아프리카 이름인 '버락'으로 지었다"고 한다. 오바마는 "다양성을 유산으로 받은 것에 감사한다"고 밝혔다.

그러고는 미국에 얼마나 더 많은 변화가 필요한지 말을 이어갔다.

"민주당원, 공화당원, 무소속을 가리지 않고 미국 시민들에게 오늘 드리고 싶은 말은, 우리가 더 많은 일을 해야 한다는 겁니다. (…) 시민들은 정부가 모든 문제를 해결해주기를 기대하지 않습니다. 하지만 우선순위를 조금만 바꾸어도 미국의 모든 아동이 인생에서 멋진 기회를 얻고 모두에게 기회의 문이 열릴 수 있습니다. 시민들은 우리가 더 나은 일을 할 수 있다는 것을 알고 있고, 그러한 선택을 기다리고 있습니다."

1단계: 어젠다 수립

오바마가 '변화'를 슬로건으로 처음 내건 것은 2004년 민주당 전당대회 때였다. 그 후 4년 동안 오바마는 일관되게 여러 공개 연설에서 '변화'를 내세웠다.

"다른 사람이 해줄 기회나 다른 시기를 기다려서는 변화가 일어나지 않습니다. 지금까지 기다려온 그 변화의 주체는 바로 우리 자신입니다. 변화를 일굴 사람은 다른 누구도 아닌 우리입니다."

"여러분의 아이디어, 상상력, 노력이 세상을 변화시킬 수 있는 힘을 지니고 있음을 절대 잊지 마십시오."

"변화가 절대 쉬운 일은 아니지만 언제나 가능성이 열려 있습니다."

"변화는 정부에게서 오지 않습니다. 정부를 향해 일어나는 것입니다."

"여러분의 목소리가 세상을 변화시킬 수 있습니다."

오바마의 선거 운동에는 '변화와 희망', '우리는 할 수 있습니다', '우리가 믿는 변화' 등 다양한 슬로건이 활용되었다. 궁극적으로 오바마와 그의 고문들은 선거 슬로건으로 한 단어를 결정했다. 바로 '변화'였다.

선거에서 슬로건은 후보자가 유권자에게 전하는 가장 핵심적이고 중요한 개념이자 상대 후보를 판에 불러들이는 게임이다. 예를 들어 외교 정책에 경험이 풍부한 미 대선 후보는 유권자의 관심을 외교 정책에 집중시키고 싶겠지만, 경쟁 상대는 국내 정치에 더 집중하기를 원할 수 있다. 대체로 어떤 후보든 유권자가 자신의 캠페인 어젠다를 믿고 슬로건을 지지하도록 영향을 미치는 후보가 선거에서 승리한다.

오바마는 2008년 대선을 '변화'에 대한 평가로 보고, 미국에 변화가 필요하다는 것을 그의 시각을 통해 이해하기를 원했다. 오바마는 선거를 그의 방식으로 구성했다. 유권자와 다른 선거인들이 오바마의 시각을 통해 바라보고 변화의 필요성에 공감하면 이제 자신을 '고

만고만한' 존 매케인과 대조되는 유일무이하며 진정한 '변화의 후보'
로 내세울 것이었다. 오바마는 자신만 승리할 수 있는 게임에 경쟁
후보와 유권자들을 효과적으로 불러들였다.

오바마는 2007년 2월 10일 일리노이 스프링필드에서 대선 출마
를 공식화하면서 이렇게 말했다.

"출마 선언이 뱃심 좋은 대담한 행동으로 보일 수 있음을 알고 있
습니다. 정부가 어떻게 운영되는지를 배운 것도 오래되지 않았다는
것을 잘 알고 있습니다. 하지만 정부가 일하는 방식이 변화해야 한다
는 것을 깨닫기에는 충분한 시간이었습니다."

2008년 뉴햄프셔에서 첫 번째 예비선거가 열린 저녁에는 이렇게
말했다.

"긴 싸움이 기다리고 있음을 알지만 어떠한 장애물이 앞길을 막
아서더라도 변화를 요구하는 수백만 유권자들의 힘을 가로막지는
못한다는 것을 잊지 말아야 합니다."

오바마는 거의 모든 연설, 인터뷰, 보도자료, 토론에서 '변화'라는
단어를 빠뜨리지 않았다. 공화당의 대선 후보자인 존 매케인 상원의
원과의 세 차례 토론에서는 '변화'를 11번 사용했다.

이와는 정반대로, 매케인의 선거 운동은 메시지를 메시지로 전환
했으며, 단 하나의 중요한 캠페인 어젠다를 정하지 않았다. 예를 들
어 투자회사 리먼브라더스의 파산으로 금융위기가 발생한 날, 매케
인은 경제가 "굳건하다"고 자신했다. 몇 시간 뒤 《뉴욕타임스》는 그

가 "발언을 철회하고 경제 상황이 '총체적 위기'이며 월가와 정부의 '탐욕'을 맹비난했다"라고 보도했다. 이와 유사하게 매케인은 처음에는 모기지 위기에 정부가 과도하게 개입해서는 안 된다고 경고했다가 한 달 뒤에는 입장을 바꿔 사람들이 자기 집을 유지할 수 있도록 지원하는 정부 계획을 발표했다. 또한 선거 운동에서도 일관성 없는 모습을 보였다. 공화당 후보 지명을 수락하는 가장 중요한 연설에서는 오바마의 선거 슬로건인 변화를 가로채기까지 했다.

"시대착오적이고 많은 지출을 하며 태만하고, 나라보다 자신을 앞세우는 워싱턴의 인사들에게 경고합니다. 변화가 오고 있습니다."

선거 운동 내내 오바마는 거의 모든 정책 분야에서 변화를 일관되게 외쳤다. 서민 가구를 위해 세제를 감면하고 중동 원유에 대한 미국의 의존도를 낮추며 모든 미국인에게 '저렴하고 접근 가능한 의료 서비스'를 제공하고 이라크 전쟁을 끝내야 한다고 주장했다. 무엇보다 오바마의 선거 슬로건은 유권자들이 각자 원하는 대로 해석할 수 있는 여지가 있었다. 이것이 오바마의 선거 슬로건이 성공을 거둔 이유 중 하나다. '변화'가 의미하는 바를 입증하면서도 유권자들의 해석에 제한을 두지 않았다.

2단계: 어젠다 전달

정치 후보자들은 캠페인 어젠다를 소통하고 추진하기 위해 강령을 활용한다. 초월기업 체계와 관련해서 나는 선거 공약과 기타 중요한 전달사항을 한 장에 간결하게 정리한 정치 강령을 수정해 사용하고 있다. 2008년 오바마 상원의원의 강령을 초월기업 체계의 용어를 사용해 요약한 버전을 소개한다.

초월기업 체계 강령은 어젠다, C-메시지, 후보자, 후보 포지셔닝, P-바이트, 경쟁자 포지셔닝이라는 6가지 핵심 요소로 구성된다.

· **어젠다**: 대다수 정치인이 최대 세 단어를 사용하는 반면 오바마는 선거에서 '변화'라는 한 단어가 지닌 힘을 보여줬다. 선거 운동이 오바마 후보의 이름을 브랜드화하는 작업으로 시작되지 않았다는 점에 주목해야 한다. 오바마 선거팀은 유권자들이 오바마를 최초의 아프리카계 미국인 민주당 지명 후보자로 받아들이거나 많은 정책 변화를 이끌어낼 가능성 있는 인물로 인식하기 전에 **변화의 필요성** 자체에 수긍하도록 만들어야 했다.

· **C-메시지**: 선거팀은 몇 가지 간결한 캠페인 메시지(C-메시지)로 슬로건을 뒷받침했다. C-메시지는 후보자나 제품이 아닌 슬로건을 추진하고 전달하는 데 도움이 되도록 고안된다. 대개 슬로건의 핵심 단

| 2008년 오바마 상원의원의 대선 강령 |

캠페인 어젠다 후보자가 하고 싶은 '게임'(5단어 이내)	변화
캠페인 C-메시지 캠페인을 추진하기 위한 간결한 메시지 (최대 3개)	• 우리가 믿는 변화 • 우리는 할 수 있습니다 • 변화와 희망
캠페인 후보 선거 슬로건이나 전개될 게임을 가장 잘 수행할 수 있는 후보	오바마 상원의원
후보 포지셔닝 이해관계자의 마음에 후보자를 떠올리게 하는 개념(5단어 이내)	변화를 일으키는 후보
P-바이트 후보자를 설명하는 간결한 메시지 (최대 3개, 각각 5단어 이내)	• 희망을 주는 • 진취적인 • 대담한
경쟁자 포지셔닝 주요 이해관계자들의 마음에 경쟁자에 대한 인식 형성하기(5단어 미만)	힐러리 클린턴과 존 매케인: '다를 바 없는 워싱턴 정치인'

어를 반복하는 짧은 문구를 활용한다. 오바마의 C-메시지는 '우리가 믿는 변화', '우리는 할 수 있습니다', '변화와 희망'이다.

· 후보: 눈여겨볼 점은 선거팀이 후보자(브랜드)에 앞서 '변화'라는 슬로건을 훨씬 중요하게 여겼다는 사실이다. 초월기업 체계를 사용하는 전문가들이 기억해야 할 중요한 교훈은 슬로건을 먼저 제시하고 브랜드를 그다음에 내세워야 한다는 것이다. 'A(Agenda, 슬로건) 다

음이 B(Brand, 브랜드)'라는 점을 잊지 말아야 한다. 선출된 정치인과 초월기업은 브랜드를 알리는 전통주의 기업의 낡은 접근법을 쓰기보다는 슬로건을 홍보하여 경쟁에서 승리한다.

· 포지셔닝: 포지셔닝은 정치인이나 기업이 목표로 삼은 대상자의 머릿속에 인식되기를 바라는 개념이다. 초월기업 체계의 위치 선정은 전통주의 기업의 브랜드 포지셔닝 개념과는 3가지 측면에서 다르다. 첫째, 앞서 언급했듯 초월기업은 브랜드가 아닌 슬로건을 선보이는 데 집중한다. 브랜드 포지셔닝은 슬로건을 제시한 다음에 일어난다. 둘째, 일반적인 광고 용어인 '제품 포지셔닝 진술Product Positioning Statement'이 아닌 '포지셔닝'이라는 단어를 사용한다. 많은 전통주의 기업이 장문의 제품 포지셔닝 진술을 사용하는 반면 초월기업은 제품이나 서비스를 5단어 이내로 포지셔닝한다. 셋째, 전통주의 기업의 브랜드 포지셔닝과 달리 초월기업 체계에서는 포지셔닝에 어젠다와 동일한 단어를 사용한다. 이상적으로는 제안한 슬로건을 가장잘 이행하거나 게임을 가장 잘 해낼 수 있는 후보나 제품을 가리킨다. 예를 들어 오바마 선거팀은 그를 '변화를 위한 후보'라고 포지셔닝했는데, 매우 중요한 슬로건인 변화와 직접 연결된다. 이를 '어젠다-포지셔닝 일치' 또는 '이중 일치'라고 부르겠다. 후보자나 제품의 포지셔닝에는 어젠다에 사용한 단어를 반복한다. 유권자들이 변화의 필요성을 인식하자 그 변화를 수행할 수 있는 유일한 대선 후보

로 오바마를 내세웠다. 마찬가지로, 초월기업은 이해관계자들이 전체 캠페인 어젠다에 부합하는 하나 또는 몇 가지 핵심 단어와 더불어 자사 제품을 떠올리도록 포지셔닝한다.

· P-바이트: 일반적으로 P-바이트는 간결한 제품 메시지인 제품 바이트Product Bites를 의미하지만 여기서는 '대통령 바이트Presidential Bites'라는 의미로 사용할 것이다. 오바마 선거팀은 후보자에 대한 긴 메시지를 여러 개 사용하는 대신 '희망을 주는', '진보적인', '대담한'이라는 짧고 단순한 3가지 P-바이트로 오바마를 묘사했다. 사실 오바마가 당선되기 전인 2006년에 펴낸 책 제목도 『담대한 희망』이다. 마찬가지로, 초월기업은 여러 브랜드 메시지를 사용하는 대신 제품을 다섯 단어 이내로 설명하는 2~3개의 'P-바이트'를 활용한다. 초월기업 체계에서 P-바이트는 긴 브랜드 메시지를 보다 기억하기 쉬운 표현으로 효과적으로 대체한다.

· 경쟁자 포지셔닝: 오바마는 경쟁자인 민주당의 힐러리 클린턴 상원의원과 공화당 후보 지명자인 존 매케인 상원의원의 이름을 거의 언급하지 않았다. 이를 간접적인 경쟁자 포지셔닝 기법이라고 한다. 경쟁자들을 가리킬 때는 '변화를 일으키는 후보'라는 자신의 포지셔닝과 극명하게 엇갈리는 '그리 다를 바 없는 워싱턴의 정치인들'이라는 개념을 유권자들에게 심어줬다.

반면 공화당의 대선 후보인 도널드 트럼프는 2016년 승리한 대선에서 직접적인 경쟁자 포지셔닝을 활용했다. 예를 들어 트럼프는 주된 경쟁자인 힐러리 클린턴을 '거짓말쟁이 힐러리'라고 반복적으로 칭하면서 포지셔닝했다. 트럼프는 힐러리의 이름을 '힐러리 클린턴'에서 '거짓말쟁이 힐러리'로 바꾸는 데 성공했다. 매우 극단적인 정치적 접근으로 간주되는 행동이지만 직접적 경쟁자 포지셔닝과 간접적 경쟁자 포지셔닝이 각각 가진 힘을 설명하기 위해 예로 들었다. 대통령 후보와 마찬가지로 초월기업도 경쟁자와 경쟁 제품을 간접적 혹은 직접적 접근 방식을 활용하여 효과적으로 포지셔닝할 수 있다.

3단계: 어젠다 옹호

오바마 선거팀은 동일한 슬로건을 잠재적 유권자들에게 일관성 있게 반복해 전달했다. 《뉴 리퍼블릭New Republic》의 토머스 에드솔Thomas B. Edsall은 "오바마 선거팀의 활동은 전문적이고 장기적이며 일관성 있게 진행되었다. 선거 기간 내내 10억 건 이상의 이메일을 발송하고 백만 명이 넘는 유권자와 문자 메시지로 소통하며 슬로건을 전달했다"라고 말했다.

하지만 대선이나 제품 선발전에서 승리하기 위해서는 그저 어젠다를 만들고 전달하는 것만으로는 충분하지 않다. 경쟁자가 내 방식의 게임을 하도록 어젠다를 옹호해야 한다. 오바마는 어젠다를 옹호하기 위해 내가 '승리를 위한 행동'이라고 이름 붙인 전략을 활용했다. 승리를 위한 행동에는 4가지 유형이 있다. 이는 어젠다를 추진하기 위해 고안한 여러 기능, 분야, 지리적 활동을 넘나든다.

1. 접근: 제한되거나(예: 자라의 제한적 의류 홍보), 무제한(예: 구글의 정보 접근) 방식으로 고객에게 제품을 제공한다.

2. 우위: 제품에 내재되어 있거나(예: 테슬라 자동차) 제품 너머로 확장되는(예: 테슬라 자동차의 구입으로 '지속 가능한 에너지로의 전환'에 동참) 초월적인 제품 특성을 제공한다.

3. 전파자: 어젠다를 다른 유권자나 고객에게 옹호하고 전도하는 정치 또는 기업 캠페인 지지자를 동원한다.

4. 인식: 슬로건에 대한 활발한 입소문이나 기대감을 조성한다.

승리를 위한 행동의 궁극적인 목적은 어젠다를 고객이나 이해관계자와 함께 추진하여 이들이 어젠다를 신뢰하고 지지하도록 만들어 결과적으로 기업의 제품을 구입하거나, 선거라면 후보자에게 표를 행사하도록 만드는 것이다. 오바마가 '변화'라는 슬로건을 추진하기 위해 펼친 몇 가지 승리를 위한 행동을 살펴보자.

오바마의 승리를 위한 행동 4가지

1. 선거 자금 조달과 사전 투표로 게임의 판을 바꾸다

오바마는 선거 자금 조달이라는 게임의 판도를 바꿨다. 주요 정당의 대선 후보 지명자로는 처음으로 본선거에서 공적 지원금을 거부했다. 대신 인터넷 등을 통해 운동가, 밀레니얼 세대, 소수집단, 기타 개인들로부터 민간의 기부 지원금을 확보했다. 일반인들의 지원을 받는다는 새로운 접근법으로 7억 5천만 달러에 가까운 자금을 모금하여 역대 예비선거와 본선거 캠페인의 기록을 깼다.

또한 오바마는 일부 주州에 허용된 사전 투표를 활용했다. 오바마와 선거팀은 인터넷 활용도가 높은 유권자의 경우 온갖 유형의 정보에 접근할 수 있으므로 과거의 선거에 참여했던 유권자보다 대선 후보에 대한 결정을 훨씬 이른 시기에 내릴 것으로 예상했다. 미디어 컨설턴트인 피트 스나이더Pete Snyder에 따르면 오바마 선거팀은 유권자가 후보를 선택하는 시기가 기존의 선거일 전 72시간에서 선거일 전 몇 주 혹은 수개월로 크게 앞당겨졌다고 판단했다.

오바마는 이처럼 색다른 전략을 실행하면서 초반에 집중적으로 캠페인 활동을 펼쳤다. 일반적으로는 선거 몇 달 전 여름은 무난하게 흘러가기 마련인데 오바마는 이 기간에 매케인보다 10배 많은 자금을 쏟아부어 전통적으로 공화당 지지 성향을 보였던 버지니아주를 차지하는 데 성공했다. 버지니아주는 선거일 6주 전에 사전 투표를 허용하는 주다. 최종 분석 결과 오바마 선거팀의 판단이 옳았다. 2008년 대선에서 3분의 1 이상의 표가 선거일 전에 행사되었는데, 이는 2000년 대선의 사전 투표율보다 2배 높은 수치다.

오바마는 초반부터 공격적으로 캠페인을 진행하면서 경쟁자보다 먼저 유권자의 여론을 유리하게 형성하여 선거팀에 자금과 자원봉사자를 끌어들였다. 그리고 결과적으로 선거에서 승리했다. 오바마의 국내 현장 보좌관을 지낸 존 카슨Jon Carson은 "사전 투표는 우리의 전략에 변화를 주지 않았다. 전략 그 자체였다"라고 말했다.

2. 첨단 기술을 활용하여 경쟁우위를 차지하다

오바마 선거팀은 경쟁우위를 얻기 위해 새로운 첨단 기술을 활용했다. 2008년 《와이어드Wired》 기사에서 사라 라이 스털랜드Sarah Lai Stirland는 오바마 선거팀이 소셜미디어 네트워크 사이트인 버락오바마닷컴my.BarackObama.com을 조직 인프라의 기반으로 개발한 과정을 자세히 소개했다. 이 사이트는 'MyBo'라는 별칭으로 불렸으며 지역의 오바마 지지자들에게 해당 지역의 등록 유권자를 확인할 수 있는 이웃 간 연결 도구가 되었다. 한마디로 다른 유권자에게 오바마를 지지하도록 설득할 수 있는 도구였다.

예를 들어 오바마 선거팀은 웹사이트를 활용해 플로리다와 같이 중요한 스윙 스테이트(Swing State, 정치 성향이 뚜렷하지 않은 경합주-옮긴이)에 자원봉사자 23만 명을 배치하고 1만 9천 개 지역팀으로 나눴다.

그리고 500명의 유급 캠페인 현장 조직자들이 1,400개 포커스 지역에서 오바마를 지지할 가능성이 있는 유권자들을 대상으로 선거 활동을 펼쳤다. 스털랜드는 "오바마 선거팀은 역대 대선을 통틀어 가장 정교하게 구성된 조직을 갖췄다. (…) 거대하고도 복잡한 기구를 조직하여 예상 표 확보를 위해 전례 없는 활동을 수행했다"라고 설명했다.

이처럼 기술과 지지자를 통합함으로써 오바마는 경쟁우위 측면에서 상대 후보인 매케인을 크게 앞지를 수 있었다. 매케인 선거팀은 기술을 다루는 역량이 부족해 애를 먹었다. 오바마는 인터넷을 효과적으로 활용하여 지지자들을 결집하고 정책을 알렸으며 자금을 모금했다. 매케인은 기술 면에서 초월적인 이점을 누리던 오바마를 뛰어넘을 수 없었다.

3. '전파자' 운동 조직을 일으키다

중요한 사실은 오바마가 대선 캠페인을 수행할 뿐만 아니라 운동을 조직하고 있었다는 점이다. 최고의 대선 캠페인과 제품 캠페인에서는 '전파자'의 강력한 운동이 일어난다. 전파자는 어젠다를 지지하고 전파하는 정치와 기업의 캠페인 지지자를 뜻한다. 성공적인 캠페인은 열정을 일으키고 사람들에게 영감을 주며 지지자들이 믿을 수 있는 대의를 중심으로 결집하게 만든다. 전 백악관 고문 데이비드 거겐David Gergen은 "오바마는 인터넷의 힘을 공동체 조직 원리와 결합시킨 선구자였다. 하워드 딘*이 모임을 위해 인터넷을 사용했다면, 오바마는 대규모 운동을 조직하고 움직임을 일으켰다"라고 말했다.

오바마는 새로운 유형의 유권자를 '변화'라는 슬로건을 중심으로 결집시켰다. 청년, 소액 기부자, 소수자, 인종집단 그리고 변화가 필요하다고 믿는 사람들이었다. 오바마는 정기적으로 자신의 슬로건과 강령에 대해 모든 선거인과 의견을 나눴다. 역사상 가장 기술에 대한 배경지식이 풍부한 대선 후보였던 오바마는 마이스페이스와 페이스북 같은 소셜미디어 사이트를 사용해 지지자들에게 소식을 알리고 소통하며 활력을 불어넣었다. 지지자들은 오바마의 슬로건을 지지하기 위해 전국적으로 온라인 커뮤니티를 조직했다.

이 같은 접근 방식은 오바마에게 표를 행사한 유권자의 약 3분의 2를 차지하는 30세 미만의 유권자에게 특히 효과적이었다. 2008년 대선은 출구조사가 실시된 1972년 이후 젊은 세대와 기성 세대 간 격차가 가장 큰 선거였다. 다양한 민족과 인종으로 구성된 청년 지지자들은 실천적인 정부, 이라크전 반대, 사회적 보수주의 성향이 약한 오바마의 캠페인 정책을 대부분 (일부는 모두) 지지했다. 선거 후 CNBC.com의 보도에서 하버드 대학교 정책연구소의 존 볼프John Volpe는 "[청년층 유권자들은 오바마가] 패배하거나 가까스로 이길

---

* 하워드 딘(Howard Dean)은 미국 민주당 대선 후보 경선 주자 중 최초로 인터넷을 통해 모금을 했고, 밋업닷컴(www.meetup.com)이라는 사이트를 적극 활용해 전국적 지지자를 규합하고 조직했다.

법한 주에서 안전하게 승리하도록 이끌었다"라고 밝혔다. "청년들은 더 많이 투표했을 뿐만 아니라 민주당에 표를 더 많이 던졌다."

NBC 뉴스와 《월스트리트저널》의 여론 조사 전문가인 피터 하트 Peter D. Hart는 2008년 "'최초'가 연속되는 선거다. 기술 지식이 있는 지지자들이 선거에서 직접적인 역할을 한 최초의 현대적 선거이며, 시민 미디어가 대화를 지배한 최초의 선거다. 완전히 혁신적이었다. 규칙이 새로 만들어졌으며 이제 과거로 돌아가 이전 방식으로 정치를 하는 일은 없을 것이다"라고 말했다. 2008년 오바마가 기술을 사용해 전파자를 끌어들이고 영감을 주고 조직한 것은 대선 승리라는 게임을 영구적으로 변화시켰다.

4. 일관된 포스터로 사람들의 인식을 높이다

예술가 셰퍼드 페어리Shepard Fairey는 오바마의 이미지를 빨간색, 담갈색, 파란색으로 꾸며 '희망 포스터'를 만들었다. 원래 그는 포스터 이름을 '진보'라고 붙였다가 곧 '희망'으로 바꿨으나 결국에는 '변화'로 정했다. 포스터 디자인은 대중문화 현상이 되었고 오바마 슬로건의 상징이 되었다. 처음에 페어리는 포스터를 350장만 만들었는데 여기저기 필요한 곳이 넘쳐났다. 크게 고무된 오바마의 전파자들이 이미지를 널리 퍼뜨린 덕분이었다. 페어리는 "포스터를 필라델피아에 보냈더니 지지자들이 폐건물, 길모퉁이 등 온갖 곳에 붙였다. 흔히 보기 어려운 일이지만 사람들이 이미지를 퍼뜨리려는 동기가 얼마나 강했는지를 잘 보여준다"라고 회상했다. 변화 포스터는 오바마가 4년 전 처음 제시했던 변화 슬로건에 대한 인식을 시각적으로나 입소문을 통해 크게 높였다.

2004년 민주당 전당대회에서 오바마의 연설은 대중의 마음을 사로잡았고 긍정적 평가가 압도적이었다. 《비컨 브로드사이드Beacon Broadside》에서 메리 프랜시스 베리Mary Frances Berry와 조시 고타이머Josh Gotteimer는 "모두의 평가가 일치했다. 그야말로 선풍적인 반응이었다. 사람들은 즉시 오바마의 웅변술을 존 F. 케네디, 로널드 레이건, 마틴 루터 킹 주니어에 비견하기 시작했다. 군중이 그를 에워쌌는데 그런 현상은 단지 그날 저녁뿐만이 아니라 이후 계속 이어졌다. 오바마의 정치 운명이 영원히 바뀐 날이었다"라고 보도했다. 두 저자는 일리노이주의 딕 더빈Dick Durbin 상원의원의 말을 인용했다. "그날 보스턴 연설이 아니었다면 버락 오바마가 현재 [대통령이] 될 수 있었을지 의문이다. 보스턴 연설로 대중이 가지고 있던 오바마에 대한 이미지가 바뀌었다."

열정을 불러일으킨 2004년 민주당 전당대회 연설로 오바마는 전국 무대에 진출하게 되었고 곧장 대권 도전자로 떠올랐다. 4년 뒤 오바마는 아이오와 민주당 코커스(Caucus, 미국의 양당이 대통령 후보를 지명하는 전당대회에 보낼 각 주 대의원을 뽑는 당원대회-옮긴이)에서 믿을 수 있는 미국 대통령 도전자라는 인식을 심어줬다. 아이오와 코커스는 대통령 선거 기간 중 대의원을 선발하는 첫 번째 이벤트다.

2008년 11월 4일 오바마는 2008년 대통령 선거의 승리자가 되었다. 그날 저녁 시카고의 그랜드 파크에서 승리 연설을 하면서 오바마는 슬로건을 다시금 강조했다.

"승리 그 자체는 우리가 원하는 변화가 아닙니다. 그 변화를 위해 주어진 기회일 뿐입니다. 오랜 시간이 걸렸지만, 오늘 우리가 이 선거에서 해낸 성취 덕분에 오늘 밤, 이 역사적인 순간에 미국이 변화하기 시작했습니다."

2008년 《허핑턴 포스트》에 실린 칼럼에서 케리 캔달Kerry Candaele은 오바마의 승리 연설 첫머리가 복음성가와 R&D 가수인 샘 쿡Sam Cooke이 1964년 발표한 싱글 〈변화가 올 것이다Change is Gonna Come〉를 차용한 것이라고 지적했다. 쿡의 노래는 1960년대 시민운동에서 시위 곡으로 사용되기도 했다.

2004년 민주당 전당대회 연설에서 자신이 물려받은 아프리카계 유산이 대선 후보자들의 극적이면서도 특별한 변화를 의미한다고 밝혔던 오바마는 최초의 아프리카계 미국인 대통령이 되면서 다시 제자리로 돌아왔다. 선거 다음 날 아침 《필라델피아 인콰이어러》는 헤드라인에서 '역사적 승리'라면서 전날 저녁 승리 연설을 인용해 "오바마 당선인, '미국이 변화하기 시작했다'"라고 보도했다.

오랫동안 백악관 수석 고문을 지낸 바 있는 데이비드 거겐은 2008년 《롤링스톤》과의 인터뷰에서 오바마의 승리 비결을 요약했다.

"오바마는 초기부터 승리 전략을 짜고 그 전략을 중심으로 팀을 구성했으며, 1960년 존 케네디 이후 미국 정치에서 가장 조직적이고 탁월한 선거 운동을 펼친 것이 승리의 비결이라고 생각한다."

　오바마의 성공 전략은 3단계 정치 각본에 중점을 두었다. 가장 성공적인 기업도 동일한 초월기업 체계 3단계를 따른다. 기억하기 쉬운 어젠다를 다섯 단어 이내로 **수립**한 다음 그 어젠다와 강령을 타깃 잠재고객과 다른 이해관계자에게 일관되게 계속 **전달**하는 것이다. 그리고 우선순위가 높고 효과적인 승리를 위한 행동 몇 가지로 어젠다를 **옹호**한다.

· 초월기업 체계를 닮은 미국 대선

미국 대통령 선거 활동을 살펴보면 제품, 기업, 전문가가 승리하는 데 참고할 만한 명쾌한 청사진을 찾을 수 있다. 기업을 위한 초월기업 체계는 미국 대선을 모델로 하며 주요 3단계로 구성된다. 어젠다를 수립하고 어젠다를 전달하며 어젠다를 옹호하는 것이다.

· 어젠다 다음에 브랜드를 내세워라

2008년 버락 오바마 상원의원은 성공적인 대통령 선거 운동을 위해 이러한 3가지 기본 단계를 솜씨 좋게 수행했다. 오바마는 한 단어로 요약되는 '변화'라는 슬로건을 먼저 제시한 다음 '변화를 위한 후보'라고 자신을 포지셔닝했다. 이는 어젠다(A)를 제시한 다음 브랜드(B)를 내세운다는 초월기업 체계를 구성하는 핵심 요소다.

· 1페이지 캠페인 강령에 6가지 요소를 담아라

정치 후보는 슬로건을 추진하기 위한 1페이지 분량의 강령을 사용하여 소통한다. 강령에는 캠페인 어젠다, C-메시지, 후보, 포지셔닝, P-바이트, 경쟁자 포지셔닝이라는 6가지 주요 전달 요소가 포함된다.

· 4가지 유형의 승리를 위한 행동을 활용하라

어젠다를 옹호하기 위해 정치인과 기업 전문가들은 접근, 우위, 전파자, 인식이라는 4가지 유형의 승리를 위한 행동을 활용한다.

어젠다 수립

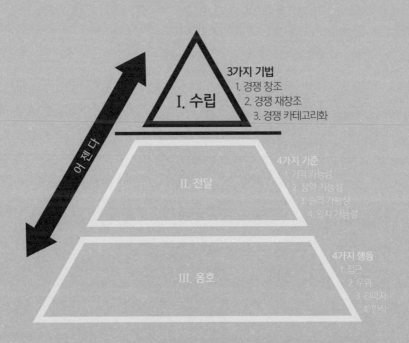

3가지 기법
1. 경쟁 창조
2. 경쟁 재창조
3. 경쟁 카테고리화

I. 수립

어젠다

4가지 기준
1. 기억 가능성
2. 장악 가능성
3. 승리 가능성
4. 일치 가능성

II. 전달

4가지 행동
1. 접근
2. 우위
3. 건파자
4. 만석

III. 옹호

3

게임의 판을
바꿔라

캠페인 어젠다를 바꾼다는 것은 경쟁자가 내 방식의 게임을 하게 만든다는 의미다. '내 방식의 게임을 한다'는 말은 무슨 뜻일까? 기업이 자체 규칙을 정할 수 있는 상황을 만들면 경쟁사는 대응할 수밖에 없으며 궁극적으로는 시장에서 상당한 경쟁우위를 확보하게 된다. 내 방식의 게임을 하는 기업은 직접 그 게임판을 만들었기 때문에 게임에서 승리하는 경우가 대부분이다.

군사, 스포츠, 정치 분야에서 3가지 서로 다른 사례를 들어 내 방식의 게임을 어떻게 하는지 알아보자.

군사 분야의 사례: 골리앗 vs. 다윗

3천 년 전 사울 왕이 이끄는 이스라엘 군대는 엘라 골짜기 반대편에서 팔레스타인 침략자들과 대치하고 있었다. 팔레스타인 측은 이스라엘군을 골짜기 깊숙한 곳에서 공격하는 대신 가드 지방의 골리앗이라는 거인 전사와 맞붙는 한 번의 싸움으로 승부를 가르자고 이스라엘에 제안했다. 사울 왕이 거인 골리앗과 싸울 자원자를 찾았지만 그 누구도 나서지 않았다. 몸집이 3미터 가까이 되는 데다 투창, 창, 검을 지니고 갑옷으로 전신을 중무장한 보병 장수와 싸울 정도로 정신 나간 사람이 없었던 것이다. 그런데 이 엄청난 위험을 무릅쓰고 다윗이라는 양치기 소년이 나섰다.

처음에 사울 왕은 작고 전투 경험도 없는 소년을 거인의 상대로 내세울 생각이 전혀 없었다. 하지만 다윗은 자신만만했다. 그는 골리앗의 게임을 하지 않을 작정이었다. 다윗을 제외한 모든 사람은 전투가 '근접전'이 되리라 판단했다. 일반적인 검과 창을 사용해 가까운 거리에서 맞붙어 싸우는 방식이다. 다윗은 승리하기 위해서는 게임의 판을 바꿔야 한다는 것을 알았다. 그는 골리앗 근처에 가지 않을 작정이었다. 대신 자기 방식의 '공중전'을 치를 계획을 세웠다.

다윗은 양 떼를 보호할 때 돌을 던지는 무기인 무릿매를 능숙하게 다룰 줄 알았다. 평소에 그는 양 떼를 노리는 사자나 다른 야생 동물을 상대할 때 무기를 써야 했다. 골리앗은 몸집이 거대하고 시력이

| 골리앗 대 다윗: 전혀 다른 두 게임 |

	골리앗	다윗
게임	근접전	공중전
신체적 특성	거인, 군인	왜소한 양치기 소년
군사적 접근법	보병	투석 병사
무기	• 투창, 창, 검 • 전신 갑옷 무장	• 무릿매 • 돌
강점	• 거대한 몸집 • 힘	• 무릿매 던지기 • 창의성
약점	• 기동성 • 시력	• 몸집 • 힘

나빠 기동성이 떨어졌다. 빠르게 날아와 45구경 총알에 맞먹는 타격을 입힐 수 있는 작고 단단한 돌을 피할 재간이 없었다. 다윗은 무기도, 두려움도 없이 골리앗을 향해 달려가 돌멩이를 날렸고 이마 정중앙을 적중시켜 적을 쓰러뜨렸다.

다윗과 골리앗이 펼친 게임은 서로 달랐는데 위 표는 그 둘을 분석한 것이다.

다윗은 명백하게 자신에게 유리한 공중전으로 골리앗을 불러들였고 마침내 승리했다. 여기에 중요한 교훈이 있다. **초월기업이 승리하는 데 반드시 많은 자원, 막대한 마케팅 예산이나 거대한 영업력이 필요한 것은 아니라는 사실이다.** 오히려 초월기업은 전통주의 기업보다 브랜드 광고와 홍보에 훨씬 적은 비용을 쓸 때가 많다. 초월기업 세계에서 스타트업과 1인 기업 같은 소규모 기업이 대기업을 이길 가능성이 훨씬 더 크고, 더 큰 위협이 되는 이유가 여기에 있다. 초월기업 체계는 모든 경쟁자에게 공정한 경쟁의 장을 만든다.

스포츠 분야의 사례: 메시 vs. 페더러

전통주의 기업 체계에서 승리 비결은 '브랜드 차별화'다. 즉, 나의 브랜드와 경쟁자의 브랜드 간 차이를 발견하고 이를 알리는 것이다. 이 시대 최고의 축구 선수로 손꼽히는 아르헨티나의 리오넬 메시와 포르투갈의 크리스티아누 호날두를 비교해보자. 전통주의 기업의 핵심 질문은 언제나 '어떤 브랜드가 차별화되어 있는가?'다. 축구의 주요 상을 기준으로 살펴보면 현재 메시는 발롱도르 8회, 골든슈 6회, FIFA 올해의 남자선수상을 2회 수상했다. 호날두도 비슷하게 발롱도르 5회, 골든슈 6회, FIFA 올해의 남자선수상을 2회 받았다. 많은 사람들은 메시가 경기 운영과 패스에 강한 데 비해 호날두는 마무리와 득점에 강하다고 평가한다.

　편의상 메시가 세계 최고의 축구 선수라는 차별점이 있다고 가정해보자. 하지만 메시가 전혀 다른 종목의 최고 선수와 겨룬다면 승산이 없을 것이다. 예를 들어 메시가 테니스 선수 로저 페더러나 상위권의 다른 프로 테니스 선수들과 경기를 한다면 패배는 불을 보듯 뻔하다. **이것이 바로 '내 방식의 게임을 한다'는 개념이다.** 이제는 브랜드 차별화보다 경쟁자가 내 방식대로 게임을 하게 만드는 것이 더 중요하다. 따라서 초월기업 체계에서 핵심 질문은 이것이다.

'어떤 게임을 하고 있는가?'

이어지는 장에서는 경쟁자들이 내 방식의 게임을 하도록 만드는 기업 사례를 소개하겠다.

정치 분야의 사례: 2016년 트럼프 vs. 힐러리*

2016년 미국 대선에서 도널드 트럼프가 승리한 이유도 마찬가지다. 힐러리 클린턴이 트럼프 방식의 게임을 하도록 만든 것이다. 트럼프는 '미국을 다시 위대하게'라는 간결한 슬로건을 일관되게 전달했다. 반면 클린턴은 선거 기간 내내 여러 슬로건을 내걸었다.

아이러니하게도 트럼프가 처음 '미국을 다시 위대하게'라는 슬로건을 제시한 것은 오바마가 2012년 밋 롬니를 누르고 재선에 당선된 다음 날이었다. 트럼프는 오바마의 2008년 선거 각본을 차용하고 발전시켰다. 오바마의 '변화' 포스터처럼 트럼프도 단순하면서도 강력

---

* 정치인 및 정치 사례 연구는 어떠한 방식으로도 특정 정치인이나 정당 또는 캠페인에 대한 나의 지지와 상관없다. 소개된 정치 사례는 오로지 독자의 초월기업 체계를 돕기 위한 목적으로 쓰인 것이다.

한 시각적 이미지를 활용했다. 어디에서나 미국을 다시 위대한 나라로 '위대하게MAGA 모자'를 찾아볼 수 있게 만든 것이다. 트럼프는 빨간색 바탕에 흰색의 MAGA(Make America Great Again의 머리글자) 문구가 새겨진 모자를 자주 쓰고 나왔고 이 모자는 지지자들에게 큰 인기를 끌었다. 트럼프의 선거팀은 여론 조사, 컨설턴트, 텔레비전 광고보다 25달러짜리 MAGA 모자에 더 많은 돈을 쓴 것으로 알려졌다. 트럼프는 '수백만' 개의 모자가 팔렸다고 주장했다.

오바마처럼 트럼프도 소셜미디어를 집중적으로 활용했는데 특히 트위터에 치중했다. 2017년 트럼프는 소셜미디어가 승리에 큰 역할을 했음을 인정했다.

"인터뷰, 연설, 소셜미디어를 활용해 2016년 선거에서 이겼다. (…) 우리는 계속해서 승리할 것이다! 내가 소셜미디어를 사용하는 것은 대통령으로서가 아니라 **현대**現代 대통령으로서다. 미국을 다시 위대하게!"

실제로 2017년 상반기 동안 트럼프는 '미국을 다시 위대하게'라는 트윗을 33회 남겼다. 선거 기간 중 트럼프가 #트럼프2016을 제외하고 가장 많이 사용한 트위터 해시태그는 '#미국을다시위대하게'와 이 슬로건의 영문 두문자인 '#maga'였다. 트럼프는 트위터에서 하루에 평균적으로 클린턴보다 2배 많이 언급되었다.

기존 방식을 따르지 않고 트위터를 집중적으로 활용한 트럼프의 선거팀은 수십억 달러의 공짜 광고 효과를 누렸다. 2016년 상반기에만 30억 달러가 넘는 광고 효과를 얻은 것으로 집계되었다. 트럼프는 다른 공화당이나 민주당 대선 후보와 비교해 유권자당 지출과 대의원당 지출이 상당히 적었다. 힐러리(유권자당 14.55달러)와 비교하면 그 3분의 1 미만인 유권자당 4.62달러에 그쳤다. 이는 초월기업에서 나타나는 전형적 특징이기도 하다. 초월기업은 무료의 언드 미디어(Earned Media, 비용을 들이지 않고 노출 효과를 얻게 해주는 미디어-옮긴이)로 주된 관심을 얻으려 시도하는 반면에 전통주의 기업은 유료 광고와 홍보에 더 많은 돈을 지출하기 때문이다.

트럼프가 2015~2016년 선거 운동할 때 나는 미국, 유럽, 아시아, 호주에서 고객 워크숍을 진행하고 있었다. 새로운 장소에 갈 때마다 "도널드 트럼프의 공약이나 슬로건이 무엇입니까?"를 물어봤다. 미국이든 그 이외의 지역이든 가리지 않고 거의 모든 워크숍 참가자들이 "미국을 다시 위대하게"라고 대답했다. 그다음으로 "힐러리 클린턴의 공약이나 슬로건은 무엇입니까?"라고 물으면 미국인 참석자들조차 우물쭈물했으며 기껏해야 클린턴의 과거 슬로건을 대답했다.

트럼프와 달리 아무도 힐러리 클린턴의 슬로건을 기억하지 못한 이유는 무엇일까? 바로 너무 많은 슬로건을 내세웠기 때문이다. 내가 찾은 것만 해도 7개다.

2016년 클린턴의 대통령 선거 운동 슬로건의 일부

1. 미국을 위한 4가지 싸움

2. 장벽을 무너뜨립시다

3. 미국을 온전하게

4. 실제 성과를 도출

5. 그녀를 지지합니다

6. 우리를 위한 싸움

7. 함께 더 강하게

언론은 힐러리가 하나의 슬로건을 채택해 전달하지 않고 있다는 사실을 알아차렸다. 2016년 대선을 앞둔 6개월 전 《보스턴 글로브》는 '계속 변하는 클린턴의 메시지'라는 헤드라인 기사를 게재했다. 힐러리 클린턴이 많은 슬로건을 내걸자 유권자들은 혼란에 빠졌다. 실제로 남편인 빌 클린턴 전 대통령조차 2016년 힐러리 클린턴의 노스캐롤라이나 유세에서 최종 슬로건을 잘못 언급했을 정도였다. 선거일이 불과 2주밖에 남지 않은 시점에 빌 클린턴은 대중에게 "힐러리의 'Growing Together(함께 성장합시다)'는 듣기 좋은 두 단어 이상의 의미가 있습니다"라고 말했다. 실제 슬로건은 'Stronger Together(함께 더 강하게)'였다.

2016년 9월 13일 《월스트리트저널》은 '힐러리 클린턴의 딜레마: 도널드 트럼프의 게임에 응할 것인가, 말 것인가?'라는 헤드라인 기사를 보도했다. 2016년 《더 저널》과의 인터뷰에서 에건 맥더못Eoghan McDermott 정치 고문은 클린턴이 많은 시간을 문제에 반응하는 데 사용하고 있다면서 "이 역시 어젠다를 장악하는 트럼프의 역량에 밀린 것이며 힐러리는 트럼프의 영역에서 싸우게 되었다"라고 꼬집었다.

결국 힐러리는 트럼프의 게임에서 경쟁할 수밖에 없었고 2016년 대선에서 패배하고 말았다. 『산산조각 나다: 힐러리 클린턴의 불운한 선거의 속사정Shattered: Inside Hillary Clinton's Doomed Campaign』을 공동 집필한 조너선 앨런Jonathan Allen과 에이미 파네스Amie Parnes는 2016년 대선에서 힐러리 클린턴을 밀착 취재한 기자들이었다. 두 저자는 클린턴이 패배한 주원인에 대해 힐러리와 선거팀이 "미국이 어떻게 달라질 수 있는지를 보여주는 비전을 적절하게 요약하는 방식(또는 힐러리가 받아들일 수 있는 방식)을 전혀 찾지 못했기 때문"이라고 분석했다.

초월기업 체계에서는 힐러리처럼 슬로건이 2개 이상이라면 슬로건이 아예 없는 것이나 마찬가지다. 슬로건이 여러 개면 슬로건끼리 경쟁을 벌인다. 사실상 힐러리는 자신이 만든 여러 버전의 힐러리와 경쟁하고 있었던 셈이다. 힐러리가 너무 많은 슬로건과 메시지를 만들었기 때문에(힐러리의 선거 웹사이트에는 정책 입장이 무려 40페이지에 걸쳐 설명되어 있었으나 트럼프의 정책 입장은 7페이지에 불과했다) 많은 유권자들이 귀를 닫았다. 반대로 유권자들은 트럼프의 '미국을 다시 위대하게'라는 하나의 슬로건에 반응했다.

미주리 대학교 심리과학과 석좌교수인 넬슨 카원Nelson Cowan 박사는 "정치 캠페인에서는 간결한 메시지를 사용하는 것이 중요하다"라고 밝혔다. 그는 힐러리처럼 연설자가 한 번에 관련성이 떨어지는 정보를 너무 많이 전달하면 대중은 받아들여야 할 정보량에 압도되어 귀를 닫아버린다고 지적했다.

이해하기 쉽게 간단한 비유를 들어보겠다. 교향악단 연주를 듣는데 악기마다 다른 곡을 연주한다고 생각해보라. 타악기와 관악기가 서로 다른 곡을 연주하고 있다면 관객은 소음을 차단하기 위해 귀를 막아버린다. 많은 유권자가 힐러리의 여러 공약에 보인 반응도 이와 다르지 않았다. 최고의 대통령 선거와 제품 캠페인에서는 모든 사람과 모든 메시지가 동일한 슬로건을 일관되게 전달하거나 '한목소리'를 내야만 한다.

이러한 단일 슬로건의 개념은 제품과 브랜딩에 큰 시사점을 준다. 전통주의 기업 체계에서 기업은 광고, 홍보, 많은 경우 판매대리인이나 고객 관리자를 동원하여 다양한 브랜드 메시지를 전달한다. 메시지를 많이 전할수록 좋다고 여긴다. 하지만 초월기업 체계에서는 메시지가 적을수록 좋다고 여긴다. 하나의 포괄적인 어젠다를 최대 2~3개의 짧은 캠페인 메시지(C-메시지)로 뒷받침해야 한다.

트럼프 대선 후보는 '프레이밍Framing 효과'를 활용했기에 '미국을 다시 위대하게'라는 하나의 단순한 슬로건을 전달하고 유권자를 설득하는 데 성공했다. 프레이밍 효과는 인지 편향의 한 형태다. 투명한 컵에 물이 반쯤 담겨 있을 때 사람들의 반응은 둘로 나뉜다. "물이 반이나 있다"와 "물이 반밖에 없다". 전자는 긍정적 기분을, 후자는 부정적 기분을 느낀다. 프레임은 기본적으로 우리가 세상을 바라보는 렌즈와 같다. 동일한 사건이나 문제여도 다르게 표현함으로써 사람들의 선택이나 태도가 변하는 효과를 말한다.

프레이밍 효과는 신념 체계를 바꾸는 데도 사용된다. 예를 들어 누군가를 아이오와 농가로 데려가 창밖을 바라보게 한다면 평원을 보고 지구가 평평하다고 생각할 것이다(다른 이론은 알지 못한다고 가정했을 경우). 하지만 국제우주정거장에 데려가 바깥을 바라보라고 한다면 지구가 둥글다는 것을 분명히 알 것이다. 여기서 중요한 교훈은 세상을 바라보는 프레임이 우리가 무엇을 보고, 생각하고, 믿는지를 결정한다는 점이다.

어젠다('렌즈')를 만드는 것은 프레이밍 효과의 강력한 예다. 초월 기업은 이해관계자들이 자사의 렌즈를 통해 세상을 바라보게 만든다. 프레이밍과 관련하여 관찰되는 중요한 2가지가 있다. 첫째는 우리가 프레임을 듣거나 볼 수 없다는 점이다. 프레임은 무의식적 정신 상태의 일부여서 그 효과를 알아차리지 못한다. 둘째, 프레임이 더 많이 사용될수록 효과가 더 강하고 오래 지속된다. 이는 트럼프가 '미국을 다시 위대하게'라는 슬로건을 지속적으로 반복한 것이 강력한 효과를 낸 이유다. 트럼프는 유권자들이 자신이 제시하는 렌즈를 통해 그가 생각하는 더 위대한 미국을 바라보기를 원했다.

카원 박사는 개인의 기존 신념 체계에 들어맞도록 맞춤화한 말을 들으면 더 효과적으로 기억한다는 사실을 발견했다. 트럼프 지지자들은 트럼프가 이미 '미국을 다시 위대하게'라는 기준 체계나 신념 체계를 만들어놓은 상황이었기 때문에 그가 제시하는 생각을 받아들일 준비가 되어 있었다. 트럼프 대통령의 2016년 대통령 당선은 대선뿐 아니라 제품 선호와 같은 일상적인 선택에서도 프레이밍이 얼마나 강력한 힘을 발휘하는지 보여준다. 이는 관련 심리학적 연구의 동력이 되었다.

아이러니하게도 트럼프 대통령은 2020년 재선에 도전할 때 명확한 슬로건을 제시하거나 선거를 프레이밍하지 못했다. '미국을 계속 위대하게Keep America Great'라는 슬로건으로 시작했지만 코로나19 팬데믹이 창궐하고 경제가 휘청대며 인종차별에 대한 시위가 발발하는 등 위기가 이어지자 중단해야만 했다. 《워싱턴 포스트》는 "트럼프의 재선 활동은 처음 대권에 도전했던 선거 운동과 크게 엇갈리는 모습이어서 규정하기 어렵다"면서 백악관 전 관계자의 말을 인용했다.

"현재 트럼프 선거팀의 핵심 메시지가 무엇인지 모르겠다. (…) 2016년을 돌아보면 트럼프 선거팀의 큰 강점이 일관적인 메시지를 제시했다는 것이기 때문에 지금 이것은 심각한 문제가 아닐 수 없다."

선거를 6개월 앞두고 《월스트리트저널》편집국은 "현재 트럼프에게는 2기 국정에 대한 어젠다가 없으며 자신의 임기를 4년 연장하는 것 외에 어떤 메시지도 없다"라고 평가했다. 2020년 7월 공화당의 정치 고문인 칼 로브Karl Rove는 《월스트리트저널》과의 인터뷰에서 "대통령이 유권자들에게 2기에 대한 어젠다를 제시하지 못한다면 재선에 성공하지 못할 것"이라고 말했다.

민주당의 대권 도전자이자 부통령을 지낸 조 바이든은 하나의 분명한 슬로건을 일관성 있게 반복하지는 않았지만, 결국에는 '미국의 정신을 위한 투쟁'이라는 슬로건에 정착했다. 바이든은 대선을 트럼프 대통령의 인성과 코로나19 팬데믹 대응에 대한 실패를 평가하는 선거로 프레이밍했다.

바이든이 승리한 후 로브는 《월스트리트저널》에 기고한 칼럼에서 "바이든은 선거를 대통령의 인성과 코로나19 대처에 대한 국민 투표로 만드는 데 성공했다. 몇 달 동안 트럼프는 권력을 다투는 일에 태만했고 이따금 자신의 슬로건을 경쟁자들과 비교하는 정도에 그쳤다"라고 지적했다.

최고의 정치 캠페인과 기업은 프레이밍을 활용해 유권자나 고객이 후보자 또는 제품을 자신들이 원하는 방식으로 바라보도록 설득한다.

· **경쟁자가 내 방식의 게임을 하도록 만들라**

'어젠다 수립'은 '내 방식의 게임을 한다'는 의미이다. 자기 방식대로 게임을 하는 기업이 승리를 거두는 경우가 대부분이기 때문이다. 도널드 트럼프는 힐러리 클린턴을 자신의 게임에 끌어들이고 슬로건인 '미국을 다시 위대하게'를 일관되게 알려 2016년 대선에서 승리를 거뒀다.

· **어젠다가 둘 이상이면 없는 것과 마찬가지다**

힐러리 클린턴은 2016년 대선 기간 중에 서로 다른 7가지 슬로건을 사용했다. 스스로 만들어낸 6명의 다른 힐러리와 경쟁을 벌인 셈이다. 그리하여 유권자들을 혼란에 빠뜨렸다.

전통주의 기업은 서로 다른 고객층을 겨냥한 여러 브랜드 메시지를 전달한다. 많을수록 효과적이라고 생각하기 때문이다. 반면 초월기업은 두세 단어로 된 짧은 C-메시지로 뒷받침하는 하나의 포괄적인 어젠다를 모든 이해관계자에게 제시한다. 적을수록 효과적이라고 생각하기 때문이다.

• 최대 자원, 최대 마케팅 비용은 필요 없다

초월기업이 승리하는 데 꼭 최대 자원, 최대 마케팅 예산 또는 최대 규모의 영업 조직이 필요한 것은 아니다. 사실 초월기업은 전통주의 기업과 비교했을 때 브랜드 광고와 홍보에 훨씬 적은 금액을 쓴다.

• 프레이밍 효과를 활용하라

'인지 프레이밍'은 우리가 무의식적으로 세상을 바라보는 렌즈다. 초월기업은 강력한 프레이밍 효과를 활용하여 고객과 이해관계자가 특정 렌즈를 통해 경쟁 시장을 바라보도록 만든다.

4

어젠다 수립을 위한
3가지 기법

초월기업의 첫 단계는 어젠다를 수립하는 것이다. 어젠다 수립을 위해 **경쟁 창조, 경쟁 재창조, 경쟁 카테고리화**라는 3가지 기법 중 하나를 사용할 수 있다. 여기서는 애플의 사례 연구를 들어 3가지 접근법을 설명하겠다.

애플의 '다름을 생각해보라'

스티브 잡스는 (현재 '애플'로 알려진) 애플 컴퓨터를 1976년 공동 창립했으나 1985년 기업의 권력다툼에 밀려 회사에서 쫓겨났다. 하지만 그 이후 12년 동안 고전한 것은 잡스가 아닌 회사였다. 1997년 애플은 전 세계에서 퍼스널 컴퓨터의 매출이 처음으로 5위권 밖으로 밀려난 데다 7억 달러의 손실을 내 최악의 분기 실적을 기록했다. 애플은 큰 손실을 입었으며 몇 년 동안 돌파구가 될 만한 제품을 내놓지 못했다. LawEndMac.com은 애플에 "IBM(혹은 마이크로소프트) 골리앗과 싸우는 다윗의 이미지가 사라졌다. 애플은 따분한 제품을 만들고 재미없는 리더가 이끄는 고만고만한 회사"라고 평가했다. 상황이 얼마나 절박했는지 이사회에서는 잡스를 CEO로 다시 불러들였다. 잡스는 복귀하자마자 직원들에게 말했다.

"세상은 소음으로 가득 차 있기 때문에 사람들이 애플에 대해 많은 것을 기억할 기회가 없습니다. 어떤 기업도 그렇게 할 수 없습니다. 그러니 사람들이 우리에 대해 어떤 점을 알아주기를 바라는지 아주 분명히 해야 합니다. (…) 고객은 애플이 어떤 회사이고 어떤 가치를 중요시하는지 알고 싶어 합니다."

초월기업의 리더로서 잡스는 2가지 작업이 필요하다는 것을 알았다. 바로 승리할 수 있는 캠페인 어젠다를 수립하고, 승리할 수 있는 제품 후보군을 만드는 일이었다. 애플의 팀이 참신한 제품을 만드는 작업을 진행하는 동안 잡스는 승리하는 캠페인 어젠다를 수립할 수 있는 광고 대행사를 찾아 나섰는데 TBWA 샤이엇데이TBWA/Chiat/Day가 선정되었다.

광고 대행사는 '다름을 생각해보라Think Different'는 슬로건을 추천했다. 잡스는 보다 흔히 사용되는 '다르게 생각하라Think Differently' 대신 '다름을 생각해보라'를 옹호했다. '다르게 생각하라'는 어떻게 생각해야 하는지가 아닌 무엇을 생각해야 하는지에 대한 슬로건이기 때문이었다. 이것이 전형적인 잡스의 접근이다. 그는 제품뿐 아니라 회사의 캠페인 어젠다와 관련해서도 완전히 독창적인 방식으로 사고하는 사람이었다.

이 어젠다를 지지하기 위해 애플의 광고팀은 알베르트 아인슈타인, 마틴 루서 킹 주니어, 무하마드 알리, 아멜리아 에어하트, 파블로 피카소와 같은 20세기를 상징하는 인물들을 변화 주도자로 소개하는 2분짜리 광고를 제작했다. 광고는 "세상을 바꿀 수 있다는 미친 생각을 했기에 이들은 세상을 바꿀 수 있었습니다"라는 두 줄로 끝맺었다.

중요한 사실은 이 광고가 맥 컴퓨터 브랜드를 언급하거나 보여주지 않았다는 것이다. 이것이 바로 전형적인 초월기업의 접근 방식이다. 애플은 제품이 아닌 캠페인 어젠다를 먼저 제시했다. 광고를 시청한 사람이 자신도 '다른' 면을 보는 시각을 가졌고 순응하지 않는 사람이라고 판단한다면 '다름을 생각해보라'라는 신념 체계에 공감하고 받아들인다는 증거로 애플 맥 컴퓨터를 구매할 것이다.

이 광고 캠페인은 엄청난 화제가 되었으며 많은 광고상을 휩쓸었다. 무엇보다 이 광고가 단순한 광고 캠페인에 그치지 않고 기업의 구호가 되었다는 점이 중요하다. '다름을 생각해보라'는 두 단어는 시장의 판도를 뒤집는 세 제품인 아이팟, 아이폰, 아이패드의 상업화

캠페인 어젠다	다름을 생각해보라		
C-메시지	"세상을 바꿀 수 있다는 정신 나간 생각을 하는 사람들이 세상을 바꿀 수 있었습니다"		
제품/포지셔닝	**아이팟** 내 손 안의 1,000곡	**아이폰** 휴대전화의 재발명	**아이패드** 제3의 카테고리 기기
P-바이트	• 전체 음악 라이브 러리 휴대 • 이전에는 불가능한 아이디어 • 꼭 필요한 음악 플 레이어	• 훨씬 스마트한 모바 일 기기 • 비약적 발전을 이룬 제품 • 사용하기 매우 쉬움	• 마법과도 같은 놀 라운 제품 • 혁신적 기기 • 컴퓨터 사용의 새 로운 시대
경쟁자 포지셔닝	색다르지 않음		

를 촉진한 기업 캠페인 어젠다가 되었다. 위의 표는 3가지 제품에 대한 애플의 포괄적인 기업 강령이다.

이 강령이 구조적으로 오바마 대통령의 강령과는 다르다는 데 주목해야 한다. 둘 다 전체를 아우르는 캠페인 어젠다와 C-메시지를 포함하지만 위의 표에는 여러 제품/제품군(예: 현재의 아이폰과 아이폰 제품군)이 나열되어 있다. 반면에 오바마 관련 표에서 강령 부분에는 '제품'이나 '브랜드'만 포함되었다. 애플의 강령을 오바마의 일차원 강령과 구분 짓기 위해 '다차원 강령'이라고 부르겠다.

이러한 구분은 중요하다. 초월기업 체계에서 많은 기업이 '다차원 경쟁'을 벌이기 때문이다. 기업들은 브랜드 차원(현재 아이폰 제품), 제품군 차원(이전과 현재의 아이폰 모델을 포함한 아이폰 전 제품군), 포트폴리오 차원(애플의 제품 전체 포트폴리오), 기업 차원(직원, 고객, 이해관계자가 애플이라는 기업에 대해 가진 인식) 등 총 4개의 차원에서 경쟁을 벌인다.

대다수 기업이 가장 경쟁우위를 확보할 수 있는 차원에서 경쟁하기를 원한다. 예를 들어 애플은 2가지 차원에서 경쟁하고 싶어 한다. 하나는 '다름을 생각해보라' 어젠다를 제시하는 기업 차원이다. 또 다른 하나는 제품군마다 최신 제품에 초점을 두면서도 광범위한 제품군 내에서는 이전에 출시한 제품이 누린 인기의 혜택을 누리는 브랜드 차원이다. 반면 다양한 커피와 식품 브랜드와 더불어 여러 음식 브랜드를 제공하는 스타벅스는 주로 기업 차원에서 경쟁하기를 선호한다. 앞으로 기업이 다차원 경쟁을 어떻게 서로 다른 모습으로 활용하는지를 보여주는 다양한 사례 연구와 예시를 소개할 것이다.

초월기업의 사례 연구를 애플로 시작한 이유는 애플의 3가지 제품이 기업의 어젠다 수립 방법 3가지를 완벽하게 보여주기 때문이다. 92쪽 표에서 보듯이 아이팟은 아이튠즈와 함께 '경쟁 창조', 즉 제품이 완전히 새로운 영역을 만든 사례다. 아이폰은 기존에 있는 휴대전화라는 제품을 재구상하여 판도를 바꾼 제품을 선보인 '경쟁 재창조'에 해당한다. 아이패드는 '경쟁 카테고리화'의 전형적인 예다. 휴대전화와 컴퓨터 사이에 제3의 카테고리에 해당하는 기기를 새로 만든 경우다.

애플과 같은 기업이 여러 제품을 보유할 때 각 주요 제품은 저마

어젠다 수립의 3가지 기법	설명	애플 제품
1. 경쟁 창조	새로운 영역 개척	아이팟/아이튠즈 ('내 손 안의 1,000곡')
2. 경쟁 재창조	기존 제품의 재탄생	아이폰('휴대전화 재발명')
3. 경쟁 카테고리화	새로운 카테고리 장악	아이패드 (휴대전화와 컴퓨터 사이의 '제3의 카테고리에 해당하는 기기')

다 포지셔닝과 2~3개의 'P-바이트'를 가지고 있다. P-바이트는 짧고 기억하기 쉽다는 점에서 기존의 브랜드 메시지를 대신한다. 예를 들어 아이패드는 '마법과도 같이 놀라운', '혁신적인 기기'이며 '컴퓨터 사용의 새로운 시대를 열었다'이다.

아이팟이 새로운 영역을 창조한 방식

어젠다를 수립하는 첫 번째 방식을 경쟁 창조라고 한다. 완전히 새로운 시장 영역을 만들어서 전체 산업의 판도를 바꾸는 방식이다. InvestingAnswers.com 사전은 말 그대로 아이팟을 판도를 바꾸는 게임 체인저로 정의한다.

애플이 아이팟을 선보였을 때 이 제품은 게임 체인저로, 음악을 구입하고 사용하는 방식에 혁신을 불러일으켰다. 이미 다른 기업들이 MP3 플레이어를 출시한 상태였지만 애플의 제품은 눈길을 끄는 디자인, 막대한 마케팅 예산, 무엇보다 사실상 음악의 배포 방식을 좌우한 아이튠즈라는 음악 플랫폼을 갖췄다.

경쟁 창조란 고객들이 상상조차 하기 힘든 제품을 만든다는 개념이다. 스티브 잡스는 탁월한 제품 개발자이자 마케팅 전문가였다. 잡스는 2001년 아이팟을 선보이면서 '아이팟: 내 손 안의 1,000곡'이라고 간단히 소개했다. 당시에는 그 누구도 아이팟과 같은 혁신적인 디지털 기기를 상상하지 못했다. 잡스는 단언했다.

"많은 사람들에게 음악 라이브러리 전체를 안겨주는 것이기 때문에 비약적인 발전이라 할 수 있습니다. 거대한 진전입니다."

아이팟은 휴대가 가능한 초소형 기기에 전체 음악 라이브러리를 담을 수 있는 최초의 기기라는 점에서 가히 혁명적이었다. 10시간 동안 계속 음악을 재생할 수 있도록 혁신적인 배터리 기술을 채택했다. 하지만 아이팟을 새로운 디지털 기기로 차별화한 열쇠는 아이튠즈 앱과의 원활한 연동이었다. 아이튠즈 앱 사용자는 사실상 무제한으로 노래를 다운로드할 수 있었다. 그 어떤 MP3 음악 플레이어도 아이팟의 혁신적인 디자인과 기술 융합을 흉내 내지 못했다. 훗날 잡스는 아이팟을 다음과 같이 평가했다.

"사람들이 음악을 듣는 방식을 변화시킨 정도가 아니라 음악 산업 전체를 변화시켰습니다."

CulofMac.com이라는 웹사이트는 "2007년 [애플의] 아이팟 판매가 1억 대를 돌파했다. 아이팟은 아이폰이 등장하기 전까지 애플의 가장 인기 있는 제품이었다. 아이팟은 미국의 주요 음악 소매업체인 아이튠즈 뮤직 스토어의 성공을 이끌었다"라고 평했다.

아이팟이 출시된 지 20년 가까이 흐른 지금 애플이 판매 중인 음악 전용 플레이어는 아이팟 터치가 유일하다. 결과적으로 아이팟 판매량의 대부분을 잠식한 것은 아이팟이 출시되고 6년 후에 탄생한 애플의 아이폰이며 여기에는 아이튠즈 앱이 기본으로 제공되었다. 아이폰은 어젠다 수립의 두 번째 방식인 경쟁 재창조에 해당하는 제품이다.

휴대전화 재창조, 애플의 아이폰

소비자가 상상조차 하지 못한 제품을 만드는 것 외에도 기업은 기존 제품을 발전시켜 초월기업의 지위에 오를 수 있다. 이를 경쟁 재창조라고 하며, 어젠다 수립의 두 번째 방법이다. 2007년 애플의 아이폰이 처음 출시되었을 때 고객들은 새로운 휴대전화의 필요성을 느끼지 못하고 있었다. 하지만 스티브 잡스는 더 나은 휴대전화 **경험**을 선사할 필요가 있음을 깨달았다. 잡스는 "포커스 그룹(시장 조사를 위해 각 계층을 대표하는 소수의 사람을 뽑아 구성한 그룹-옮긴이)을 활용해 제품을 설계하는 것은 정말 어려운 일이다. 사람들은 실제 그러한 제품을 보여주기 전까지는 자신이 무엇을 원하는지 모를 때가 많다"라고 말했다.

최초의 전화와 휴대전화는 기본적으로 전화를 걸고 받기 위해 고안되었다. 이와는 반대로 아이폰은 사용자 친화적이고 인터넷을 사용할 수 있는 모바일 애플리케이션 플랫폼이다. 아이폰을 사용하면 전화를 걸거나 받고 이메일을 확인하고 인터넷을 탐색하고 사진을 촬영하고 동영상을 찍고 정보를 둘러보고 음악을 재생하는 등 수많은 활동을 할 수 있다. 2007년 맥월드(Macworld, 애플 제품과 소프트웨어를 취급하는 웹사이트-옮긴이)에서 아이폰을 소개하면서 잡스는 이렇게 설명했다.

"애플은 이전의 그 어떤 휴대기기보다 훨씬 스마트하고 사용하기 편리한 비약적으로 발전한 제품을 원합니다. 이것이 아이폰입니다."

잡스는 아이폰을 최초의 터치스크린 인터페이스의 스마트폰으로 쓰임새가 무제한에 가까운 기기로 디자인했다.

"디자인은 그저 겉으로 드러나는 모습과 느낌이 아니라 작동하는 방식입니다."

어워드 수상자인 나타샤 젠Natasha Jen은 잡스가 "기업의 니즈가 아닌 사용자의 바람과 니즈를 고려하는 자신의 직관적인 디자인 사고를 제품에 적용했다"라고 평가했다.

간단히 말해 아이폰은 거의 모든 것을 더 쉽게 만들었다. 단순성에 응용성을 더한 아이폰은 시장의 판도뿐만 아니라 사용자의 삶도 바꿨다. 휴대전화 업종 분석가인 호레이스 데디우Horace Dediu는 "[아이폰은] 단순한 제품이 아니라 변화의 촉매제다. 통제는 고사하고 인식조차 하기 어려운 영향력을 만들어냈다. 인간의 삶을 바꾸면서 세상도 변화시켰다"라고 평했다.

2015년 애플의 연간 아이폰 매출은 2,360억 달러에 달했으며 지금까지 전 세계에서 총 22억 대의 아이폰이 판매되었다. 아이폰은 애플의 베스트셀러로, 일반적으로 애플 매출의 절반 이상을 차지한다. 2020년 애플은 미국 기업으로서는 최초로 시가총액이 2조 달러를 넘었다.

애플의 경쟁 카테고리 창조 및 장악

기업이 성공하기 위해서 처음부터 새로운 시장을 형성하거나 기존 제품을 재구상할 필요는 없다. 게임을 바꾸기 위해 더 중요한 것은 새로운 카테고리를 **장악**하는 것인데, 애플의 아이패드가 바로 여기에 해당한다. 《비즈니스 인사이더》의 줄리 보트Julie Boart에 따르면 이미 아이패드 이전에 시장에서 상업적으로 구매 가능한 태블릿이 5~6개 존재했다. 아이패드가 탄생하기 무려 23년 전인 1987년 리누스 라이트톱Linus Write-Top이 출시되었고 2년 뒤 그리드시스템즈에서 선보인 그리드패드 1900GRiDPad 1900은 최초로 상업적 성공을 거둔 태블릿 컴퓨터로 기록되었다. 사실 애플 최초의 '태블릿'인 메시지패드MessagePad가 출시된 것도 1993년의 일이다. 아이패드가 나오기 수년 전인 2000년에는 경쟁사인 마이크로소프트에서 마이크로소프트 태블릿과 윈도우즈 XP 태블릿을 발표했다. 많은 기술 전문가들은 마이크로소프트가 '태블릿'이라는 단어를 만든 것으로 본다.

하지만 2010년 애플은 아이패드를 출시하면서 처음으로 태블릿 카테고리를 장악한 기업이 되었다. 스티브 잡스는 아이패드를 소개할 때 아이폰과 맥북 노트북 사진 사이에 물음표를 띄운 화면을 보여주고는 질문을 던졌다. "두 기기 사이에 세 번째 카테고리를 만들 여지가 있을까요?" 그러고는 말을 이었다.

"세상에는 두 기기의 장점을 결합한 새로운 기기가 필요합니다. 노트북보다는 친밀하고 스마트폰보다는 기능이 훨씬 뛰어난 기기입니다."

애플이 새로운 아이패드를 공개한 보도자료에서 잡스는 "아이패드는 그 어느 때보다 훨씬 사용자 친화적이고 직관적이며 재미있는 방식으로 앱과 콘텐츠를 연결하고, 완전히 새로운 기기의 카테고리를 창조하고 정의한다"라고 밝혔다. 당시 아이패드는 "어떤 노트북이나 넷북보다 얇고 가벼웠으며" 이전에 없던 기술을 제공했다. 아이폰의 사용자 친화적인 터치스크린을 훨씬 큰 화면으로 제공하면서 새로운 아이북스 앱을 비롯해 애플 앱 스토어에 무제한으로 접근할 수 있었다. 또한 최초의 데스크톱급 생산성 스위트^{Swite}인 아이워크의 개선된 버전이 제공되고 선택적으로 와이파이를 사용할 수 있으며 아이패드를 위해 특별히 고안된 다른 여러 기능도 사용할 수 있었다. 잡스는 아이패드를 "마법과도 같이 놀랍고 혁명적인 기기"라고 불렀다.

CulofMac.com에 따르면 아이패드는 애플에서 선보인 가장 성공적인 새로운 제품 카테고리이며 첫 달에만 100만 대 이상 판매되었다(애플이 100만 대의 아이폰을 판매하는 데 걸린 시간의 절반도 안 된다). 첫해에는 2,500만 대 이상 판매되었는데 이는 이전에 존재했던 태블릿의 총판매량보다 많다. 출시 9개월 만에 아이패드의 시장 점유율은 90퍼센트에 달했으며 95억 달러를 벌어들여 역사상 가장 성공적인 소비재가 되었다. 잡스는 "애플에서 발표하자마자 이렇게 빠르게 성공한 제품은 없었다"라고 말했다.

《월스트리트저널》은 "마지막으로 태블릿이 이처럼 많은 관심을 받았던 시절에는 태블릿에 명령어를 사용했다"라고 돌아봤다. 2011년 아이패드는 DVD 플레이어를 제치고 역사상 가장 많이 판매된 가전제품이 되었다. 2014년 《USA 투데이》는 아이패드를 5대 베스트셀러 제품으로 소개했다. 10년 뒤 전 세계에서 아이패드의 연 매출은 250억 달러를 넘었으며 태블릿 시장의 3분의 1을 차지하고 있다. 지금까지 아이패드 총판매량은 3억 6천만 대가 넘는다.

애플이 태블릿 PC 카테고리를 만든 것은 아니지만 처음으로 장악하는 데 성공했다. 애플의 임원진이었던 크리스 디버는 "[애플은] 멋진 솔루션으로 카테고리에 진입하고 나면 길을 만들고 영역을 장악한다"라고 표현했다.

·어젠다를 수립하라

초월기업 체계의 1단계는 '어젠다 수립'이다. 어젠다를 수립하는 데에는 1) 경쟁 창조 2) 경쟁 재창조 3) 경쟁 카테고리화라는 3가지 기법이 있다.

·애플을 상징하는 3가지 제품에서 방법을 찾아라

애플의 3가지 상징적인 제품은 초월기업이 어젠다를 수립할 수 있는 3가지 방법을 잘 보여준다.

- 아이팟은 디지털 아이튠즈 뮤직 시스템과 결합하여 '경쟁 창조'를 해냈다. 완전히 새로운 영역을 개척한 제품이다.
- 아이폰은 '경쟁 재창조'의 사례로, 기존 제품(휴대전화)을 재구상하여 시장의 판도를 바꿨다.
- 아이패드는 '경쟁 카테고리화'를 보여주는 제품이다. 휴대전화와 컴퓨터 사이에 존재하는 새로운 카테고리를 장악했다.

5

경쟁 창조:
스타벅스

경쟁 창조는 어젠다를 수립하는 첫 번째 방법이다. 이는 완전히 새로운 시장을 조성하는 것을 뜻한다. 미국에서 스타벅스는 문자 그대로나 비유적으로 집과 직장 사이의 새로운 장소인 '제3의 공간'을 만들었다.

스타벅스의 새로운 공간 창조

공동 창립자인 제리 볼드윈, 지브 시글, 고든 보커는 1971년 시애틀의 역사적인 파이크 플레이스 마켓(Pike Place Market, 1907년에 상인 8명이 문을 열었던 미국에서 가장 오래된 농산물장터-옮긴이)에 최초의 스타벅스를 열었다. 16년간 스타벅스는 브랜드 게임에서 승리하기 위해 애썼다. 회사는 브랜드명을 스타벅스로 정하고 그리스 신화에 나오는 세이렌Siren의 초기 버전을 브랜드 로고로 썼다. 창립자들은 품질이 우수한 볶은 커피와 추출로 브랜드 차별화를 꾀했다. 하지만 이렇다 할 성공을 거두지 못했고 1년에 1개의 매장이 증가할 뿐이었다.

하워드 슐츠Howard Shultz는 1987년 스타벅스를 인수하자마자 스타벅스의 브랜드 커피 게임을 미국 집과 직장 사이에 있는 '제3의 공간'으로 탈바꿈시켰다. 슐츠는 《포브스》의 칼럼니스트인 카민 갈로Carmine Gallo에게 "스타벅스의 비즈니스는 커피가 아닌 사람에 대한 것으로, 어떤 경험을 선사하느냐가 가장 중요하다. 이러한 변화를 통해 일상의 의식과 공동체 의식, 미국에서 집과 직장 사이에 제3의 공간을 되살리고자 했다"라고 밝혔다.

스타벅스의 목표는 사람들의 일상에서 제3의 공간으로 자리 잡는 것이었다. 출근길에 스타벅스에 들러 잠시 시간을 보내거나 퇴근길에 들러서 시간을 보낼 수 있는 그런 공간 말이다. 슐츠는 설명했다.

"스타벅스에 오면 맛있는 커피 이상의 경험을 누릴 수 있어요. 멋진 사람들을 만나고 좋은 음악을 들으며 편안하고 밝은 분위기에서 모임을 할 수 있습니다. 집에서는 가족의 일원이고 직장에서는 회사의 일원이지만 그 사이에 있는 어딘가에서 느긋하게 나 자신이 될 수 있는 공간이 있는 것이죠. 많은 고객들에게 스타벅스 매장이 바로 그런 공간입니다. 일상에서 벗어나 생각하고 책을 읽고 수다를 떨거나 음악을 듣는 곳입니다."

스타벅스의 한 매장 매니저는 《패스트 컴퍼니》에 실린 기사에서 "집과 사무실에서 누릴 수 있는 편안함을 모두 제공하고자 한다. 멋진 의자에 앉아 휴대전화로 대화를 하고 창밖을 바라보며 인터넷을 서핑할 수 있다. 물론 맛있는 커피도 마실 수 있다"라고 묘사했다. 이 매니저가 '맛있는 커피'를 마지막에 언급한 점이 눈에 띈다. 기존의 커피 매장은 기본적으로 고객이 '커피 한잔 마시기'를 원할 뿐이지만 스타벅스는 고객이 '편안한 의자에 앉기'를 바란다.

108쪽의 표는 스타벅스의 강령을 개괄적으로 정리한 것이다.

스타벅스가 제3의 공간이라는 캠페인 어젠다를 먼저 제시한 다음 제3의 공간에서 누리는 경험으로 브랜드를 포지셔닝한 것에 주목해야 한다. 흥미롭게도 스타벅스는 이 어젠다를 일반 대중에게 적극적으로 알리지 않는다. 초월기업 대다수는 캠페인 어젠다를 분명하고 반복적으로 전달한다. 반면 스타벅스는 암시적인 캠페인 어젠다 접근 방법을 사용한다. 이 회사는 캠페인 어젠다를 알리기보다는 실제로 보여주는 방식을 쓰는 것이다. 고객에게 직접 말로 전달하지 않고 제3의 공간을 경험하도록 만드는 편을 선호한다.

우선, 스타벅스의 강령 전달이 캠페인 어젠다와 완벽하게 맞아떨어진다는 점이 돋보인다. 예를 들어 스타벅스의 3가지 'C-메시지'(실제 이 회사의 메시지를 인용했기 때문에 인용부호를 사용했다)는 '미국의 집과 직장 사이에 존재하는 제3의 공간' 역할을 한다는 참신한 개념을 뒷

캠페인 어젠다 '게임'(5단어 이내)	제3의 공간(집과 직장 사이)
캠페인 C-메시지 캠페인을 추진하기 위한 간결한 메시지 (최대 3개)	• "스타벅스의 비즈니스는 커피가 아닌 사람에 대한 것으로, 어떤 경험을 선사하느냐가 가장 중요하다." • "고객 서비스의 배경에는 단순히 훌륭한 서비스가 아닌 굉장한 서비스를 제공한다는 마음가짐이 있다." • "우리는 미국의 집과 직장 사이에 이 '제3의 공간'을 만들 수 있다."
캠페인 후보 캠페인 어젠다에 가장 적합한 회사 또는 브랜드	스타벅스
후보 포지셔닝 이해관계자의 마음에 후보자를 떠올리게 하는 개념(5단어 이내)	제3의 공간 경험
경쟁자 포지셔닝 주요 이해관계자들의 마음에 경쟁자에 대한 인식 형성하기(5단어 미만)	다른 모든 경쟁사: 평범한 커피숍

받침한다. 제3의 공간 경험이라는 포지셔닝은 캠페인 어젠다와 동일한 단어인 '제3의 공간'을 활용한다. 이는 캠페인 어젠다의 단어를 제품 포지셔닝에 포함시키는 '이중 일치'의 사례다.

어젠다는 언제나 브랜드보다 먼저 제시되어야 하므로 캠페인 어젠다로 시작한 다음 제품 포지셔닝을 정해야 한다. 제품 포지셔닝은 마치 열쇠를 자물쇠에 넣듯 어젠다와 맞아떨어져야 한다. 고객이 스타벅스가 제시한 '미국의 집과 직장 사이에 존재하는 제3의 공간'이라는 어젠다에 공감한다면 매장은 곧 제3의 공간이 된다.

이 강령을 보면 스타벅스는 거의 전적으로 기업 수준에서 경쟁을 벌이고 있다. 스타벅스 자체가 주된 제품이나 서비스일 뿐 식료품점에서 파는 스타벅스 브랜드의 제품(커피, 아이스크림, 병으로 제공되는 차가운 커피 음료)이나 티바나 차 제품, 에볼루션 프레시Evolution Fresh 주스, 프라푸치노 음료, 라블랑제La Boulange 패스트리 등, 인수한 다른 브랜드를 파는 곳이 아닌 것이다. 하지만 스타벅스는 제3의 공간이라는 종합적인 캠페인 어젠다를 지속적으로 전달한다. 그저 그런 평범한 커피숍으로서 경쟁하고 싶지 않기 때문이다.

스타벅스의 어젠다를 실현하는 방식

캠페인 어젠다를 수립하고 알리는 것만으로는 충분하지 않다. 최고의 초월기업은 모든 전략, 행동, 활동, 조치를 캠페인 어젠다를 추진하는 데 집중시킨다. 스타벅스는 이러한 접근 방식을 전형적으로 보여주는 예다.

J. P. 모건의 투자 전략 부문 니틴 지레디Nithin Geereddy 부사장은 2014년 펴낸 하버드 사례 연구에서 스타벅스의 전사적인 전략을 분석했다. 아래는 이 분석의 일부를 요약한 것이다. 스타벅스가 제3의 공

간 어젠다를 뒷받침하기 위해 취한 승리를 위한 행동을 보여준다.

접근

· **편안한 위치**: 스타벅스는 전략적으로 사무실 밀집 지역, 교통 요충지, 소매 중심지 등 기업이 몰려 있거나 교외 지역에 매장을 연다. 대로를 가운데 두고 스타벅스 매장이 서로 마주한 곳도 심심찮게 찾아볼 수 있다. 한 곳은 출근길에, 다른 한 곳은 퇴근길에 들를 수 있다.

· **전 세계적 입지와 거대한 규모**: 스타벅스는 80개국에 3만 1천 개 이상의 매장을 거느리고 있어서 어디서나 접근성이 높다. 매장은 직원들의 여유 있는 작업공간과 고객을 위한 공간 마련을 위해 다른 커피 전문점보다 의도적으로 더 넓은 규모를 자랑한다.

우위

· **지역사회를 위한 편안한 공간과 매장 내 경험**: 스타벅스는 매장을 설계할 때 안락한 의자와 소파, 무료 와이파이, 선별된 음악 재생목록을 제공하고 스트레스 없이 편안한 분위기를 조성하여 방문객이 환영받고 따뜻한 느낌을 받도록 만든다.

· **인적 자원 관리와 특별한 기업 문화**: 고객이 마치 집에 온 듯한 느낌이 들도록 스타벅스는 직원들을 채용하고 교육시키고 보상을 제공하며 처우에 많은 신경을 쓴다. 일반적으로 임직원의 전유물인 스톡옵션을 직원에게도 제공하고 시간제 근로자에게도 의료 혜택을 준다.

대부분의 전통주의 기업과 달리 초월기업인 스타벅스는 브랜드 광고보다 직원 교육에 더 많은 비용을 지출한다. 파트너가 업무를 시작할 때는 스타벅스 그린 에이프런 북Starbucks Green Apron Book을 제공한다. 바리스타의 앞치마에 들어가는 크기라는 점에서 이 이름이 붙었는데, 책자에는 고객에게 훌륭한 서비스를 제공하는 데 직원의 역할이 얼마나 중요한지 담겨 있다. 스타벅스의 미국 대표인 짐 에일링은 스타벅스에서 성공하기 위한 '행동 요령'을 소개하면서 친절하고 진심을 다하고 정통하고 사려 깊고 친밀해야 한다고 강조했다. 스타벅스는 직원 교육과 직원 대우에 초점을 맞추는데, 이는 직원들이 고객을 친절하게 대하는 태도로 이어진다.

• 수준 높은 기술: 스타벅스는 매장의 전면과 배후에서 '제3의 공간 경험'을 개인화하고 개선하기 위해 인공지능과 여러 첨단 기술을 활용한다. 스타벅스는 고객이 매장 내에 있든, 자동차에 있든, 스타벅스 앱을 이용 중이든 고객이 선호하는 사항을 예상하기 위해 머신러닝을 사용한다. 스타벅스의 기술 파트너인 마이크로소프트에 따르면 스타벅스는 스타벅스 리워드 고객에게 앱을 통해 과거 주문, 현지 매장 재고, 인기 있는 선택, 날씨, 시간대, 지역사회의 선호도에 기반한 개인 맞춤형 음료와 식품을 추천하기 위해 딥러닝 기술을 사용한다. 스타벅스의 부사장 겸 최고기술책임자인 게리 마틴 플리킨저는 "스타벅스가 기술을 통해 수행하는 모든 일은 매장에서의 고객 연결, 인간적인 연결, 한 번에 한 사람, 한 잔, 한 동네에 중점을 두고

있다"라고 말한다. 스타벅스는 초월적인 매장 경험을 제공하기 위해
노력하고 있다.

전파자/인식

• 고객 충성도: 스타벅스는 반갑게 맞아주고 개인 맞춤형 서비스를
제공하는 제3의 공간 경험을 통해 고객 충성도를 높인다. 스타벅스
리워드 프로그램을 활용하여 무료 음료(리필 포함)와 식품을 제공하고
커피 업계에서는 최초로 휴대전화 결제 앱을 선보였으며 생일 쿠폰
이나 구매할 때마다 '별'을 적립해주는 인기가 좋은 서비스도 운영 중
이다.

또한 스타벅스는 입소문을 내기 위해 특별한 프로모션을 다양하
게 진행하는데 그중 '레드 컵 캠페인'이 가장 유명하다. 이 캠페인은
1997년 연휴 시즌에 매출 신장을 위해 시작되었다. 평상시에 사용하
는 녹색 컵과 대비되도록 해마다 연휴 기간에 특별한 축하 분위기를
내는 '빨간색 컵'을 제작해 사용한다. 전자상거래 플랫폼 업체인 빅
커머스BigCommerce는 "빨간색 컵은 축제 시즌의 시작을 환영할 뿐만
아니라 '펌킨 스파이스Pumpkin Spice' 라테 등 새로운 맛의 연휴 메뉴를
제공한다는 신호탄이기도 하다. 이런 식으로 해마다 캠페인이 반복
되는데, 매년 새로운 디자인과 맛이 추가되어 새로운 느낌을 더해 던
킨도너츠 등 경쟁사에서도 유사한 캠페인을 진행하도록 자극한다"
라고 설명했다. 경쟁사에서 스타벅스의 활동에 대응할 수밖에 없다

는 점에 주목하라.

· 긍정적 영향과 기업 책임: 스타벅스는 '제3의 공간' 커뮤니티 일원으로서 지역사회에 모범 시민이 되고 혜택을 돌려주려고 한다. 「2020년 스타벅스 글로벌 환경 및 사회 영향」보고서에 따르면 스타벅스는 지속 가능성을 촉진하고 지역 공동체를 강화한다. 예를 들어 플라스틱 빨대 사용을 70퍼센트 줄인 새로운 '빨대 미사용 뚜껑'을 비롯해 매장에서 포장이나 컵 사용 시 '보다 친환경적'이기 위해 노력한다. 윤리적으로 구입한 원두와 차의 비중이 95퍼센트 이상이며 재조림 사업과 농민 대출에 투자하고 있다.

스타벅스는 "전 세계인에게 기회를 창출하고 투자하는" 헌신과 약속을 자랑스러워한다. 피딩 아메리카Feeding America와 파트너십을 맺고 수백만 끼의 신선하고 판매된 적 없는 식사를 지역 푸드뱅크에 기부한다. 또한 스타벅스 재단은 개발도상국에 학교를 짓는 데 도움이 되도록 '모두에게 기회를Opportunity for All' 조직에 기부금을 제공했다.

· 글로벌 브랜드 인식: 스타벅스 브랜드 이름, 로고, 컵은 전 세계인이 알아본다. 이는 제3의 공간 경험에 대한 높은 기준을 암시하며 고객이 어느 스타벅스 매장에서나 프리미엄 제품을 기대할 수 있음을 뜻한다. 다른 모든 유형의 승리를 위한 행동과 마찬가지로 스타벅스 브랜드는 종합적인 캠페인 어젠다를 뒷받침한다.

스타벅스는 전통주의 기업의 브랜드 게임으로 이기지 않는다. 예를 들어 브랜드 광고를 경쟁사 수준으로 활용하지 않는다. 주요 경쟁사인 던킨도너츠가 미국에서 스타벅스보다 광고비를 2배 더 지출함에도 일반적으로 스타벅스의 커피 매출이 3배에 달한다. 심지어 스타벅스는 해외 시장에 진출한 지 18년이 지난 2014년에야 처음으로 글로벌 광고 캠페인을 실시했다. 중요한 점은 초월기업이 승리하는 데 브랜딩이 인지도 제고에 도움이 되는 부분이 분명 있지만 주요 원인이나 승리 비결은 아니라는 사실이다.

2008년 맥도날드를 비롯한 경쟁사가 기존의 광고 전략을 활용해 고가의 프리미엄 커피 시장에 뛰어들어 스타벅스 공격에 나섰지만 스타벅스 최고마케팅책임자 테리 대번포트는 애널리스트들에게 "'우리 커피가 당신들 커피보다 낫다'는 식의 커피 논쟁에 휘말려 들지 않을 것이다. 스타벅스는 그보다 훨씬 높은 수준에서 운영할 것이다. 해오던 일을 계속하고 우리 방식을 고수할 것"이라고 밝혔다. **스타벅스는 관습적인 커피 게임에 뛰어드는 것을 거부하여 경쟁자들을 초월하고 자기 방식의 게임에 오롯이 집중하고 있다.**

슐츠가 1987년 스타벅스를 인수할 당시 매장은 총 17개에 불과했다. 이후 20년 동안 슐츠는 공격적으로 매장 숫자를 늘렸는데 1년에 한 곳 매장이 늘어나는 데서, 1년에 1,350곳으로 증가했다. 나는 이런 현상을 '초월기업의 도약'이라고 부른다.

그동안 자문 서비스를 제공하면서 기업이 전통주의 브랜드 게임에서 초월기업 어젠다 게임으로 전환하는 경우를 종종 목격했다. 많은 경우 매출, 시장 점유율, (스타벅스의 경우) 매장 수 증가 등 경쟁 관련 지표가 비약적으로 개선되었다. 이처럼 로켓 같은 도약은 전통주의 기업이 보이는 전형적인 비행기 궤적과는 크게 다르다.

결국 슐츠는 스타벅스가 돋보이는 자체 공간을 마련하고 스타벅스만이 승리할 수 있는 게임, 즉 집과 직장 사이에 제3의 공간으로 자리매김하도록 이끌었다. 슐츠가 2017년 두 차례의 CEO 임기를 마치고 스타벅스를 떠날 때 전 세계 매장은 2만 7,339곳에 달했다.

현재 스타벅스는 전 세계 3만 1천 곳에서 운영되며 80개가 넘는 나라에서 매주 1억 명의 고객에게 서비스를 제공한다. 슐츠가 처음 구상했던 '미국의 집과 직장 사이의 제3의 공간'이 되겠다는 계획에서 무척 멀리 나아간 것이다. 경쟁 창조 접근법을 활용함으로써 최대 경쟁사인 던킨도너츠보다 매장 수가 3배에 달하는 세계 최대 커피 체인이 되었다.

2018년 슐츠는 스타벅스의 초기 캠페인 어젠다를 회고하면서 "전 세계에 따뜻하고 환영받는 제3의 공간을 제공한다는 계획은 스타벅스의 가장 중요한 역할이자 책임이었을지 모릅니다. 지금 이 순간뿐 아니라 언제나 그렇죠"라고 밝혔다. 스타벅스는 제3의 공간이라는 캠페인 어젠다를 알리고 표현하고 거기에 집중하기 위해 모든 노력을 기울이고 있다.

· 새로운 시장 혹은 공간을 창조하라

어젠다를 수립하는 첫 번째 방법인 경쟁 창조는 완전히 새로운 시장 혹은 '공간'의 조성과 관련이 있다.

· 자신이 이길 수 있는 게임을 한다

스타벅스는 문자 그대로나 비유적으로나 새로운 공간을 만들어냈다. 집과 직장 사이에 편안하고 편리하고 환영받는 제3의 공간을 만든 것이다. 하워드 슐츠 CEO는 관습적인 브랜드 커피 게임을 하는 데 관심이 없었다. 대신 특별한 공간을 만들어서 스타벅스만 이길 수 있는 게임을 했다. 그 결과 지금은 전 세계에 매장이 최대 경쟁자보다 3배 가까이 많은 3만 1천 곳에 달한다.

· 캠페인 어젠다에 모든 소통과 행동을 집중한다

스타벅스와 같은 초월기업은 모든 소통과 행동을 캠페인 어젠다를 추진하는 것에 집중시키는 방식으로 어젠다를 옹호하며 승리한다.

6

경쟁 재창조:
펠로톤

애플이 휴대전화를 재창조했듯 펠로톤은 완전히 새로운 자전거 디자인, 새로운 앱, 새로운 추종자들에 힘입어 실내 피트니스 수업의 사이클링 경험을 재창조했다.

대다수 사람이 이전과 다른 휴대전화 경험이 필요하다고 생각하지 못했듯 많은 사람들이 이전과 다른 유형의 사이클링 수업이 필요하다고 생각하지 못했다. CNBC의 톰 허들스톤 주니어Tom Huddleston, Jr.는 "2012년 설립된 펠로톤은 피트니스 업계에 새로운 개념을 만들어냈다. 창립자들은 사이클링을 좋아하는 사람들이었지만 바쁜 일정 속에 꾸준히 할 수 있는 운동을 찾지 못했다. 홈 트레이닝은 수업만큼의 효과를 누릴 수 없었다. 이들은 실제 수업에 참여하는 경험에 견줄 만한 수준 높은 실내 사이클링 스튜디오 경험을 집에서 누릴 수 있도록 해야 한다는 임무에 착수했다"라고 설명했다.

총 5명의 창립자 중 한 명이자 COO인 톰 코티즈^{Tom Cortese}는 과거를 돌아보며 이렇게 말했다.

"우리는 초기에 애플, 넷플릭스, 아마존에 대해 많이 이야기했어요. 사용자 경험에 집중하여 판도를 바꾼 이러한 게임 체인저 기업으로부터 영감을 얻고자 했습니다."

사이클링 경험을 재창조한 펠로톤

모든 아이디어는 자전거에서 출발했다. 피트니스 사업을 재구상하기 위해 창립자들은 모든 세부 사항에 주의를 기울였다. 그 결과 소음이 거의 없는 벨트 구동 체계를 갖추고 부드러운 자기 저항 플라이휠을 사용하고 견고함과 안전성을 위해 탄소강을 썼으며 정교하게 구성되고 쉽게 잡을 수 있는 핸들을 적용하는 등 최신 기술을 결합한 펠로톤 자전거가 탄생했다.

하지만 첨단 홈 트레이닝 자전거를 디자인한 것은 첫 단계에 불과했다. **펠로톤은 실내 경험을 재창조해야만 했다.** 이를 위해 3가지 중요한 요소를 추가했다. 첫째는 가정의 와이파이에 연결하여 라이브 및 온디맨드 스튜디오 사이클 수업을 제공하는 21.5인치 풀HD 멀티터치 콘솔이다. 둘째는 활력 있고 전문성을 갖춰 추종자들이 몰릴 수 있는 사이클링 강사, 셋째는 라이딩을 공유하는 특별한 경험이다. 펠로톤이 공유 경험에 공을 들여 성공했다는 사실은 회사 이름에서도 드러난다. 프랑스어로 '펠로톤Peloton'은 투르 드 프랑스와 같은 세계적인 프로 도로 사이클 경주에서 선두 그룹을 가리키는 단어다.

스튜디오 경험을 재창조하기 위해 펠로톤은 자전거 콘솔에 통합된 카메라와 마이크를 추가했다. 덕분에 라이더는 다른 라이더들과 경쟁하고 화상 채팅을 나누고 동기를 부여하고 하이파이브를 할 수 있다. 펠로톤의 수석 강사이자 피트니스 프로그래밍 부문의 부사장인 로빈 아르존은 "운동 프로그램 자체에 사회적으로 소통할 수 있는 플랫폼을 구축했습니다"라고 설명했다.

"동료 라이더와 하이파이브를 하거나 첫 라이딩에서 이름을 불러주면 대부분의 장소, 특히 디지털 방식으로 소통하는 공간에서는 찾아보기 힘든 친밀함을 느낄 수 있습니다. 강사는 집에서 운동하는 강습생들과 서먹한 벽을 깨고 상호작용합니다."

아울러 펠로톤의 자전거는 총 소모 칼로리, 주행 거리 등 라이더의 운동 능력 측정치와 성장을 추적하고 경쟁을 통해 피트니스 목표를 달성할 수 있게 라이더를 격려한다.

122쪽 표는 펠로톤이 처음에 세웠던 강령을 재구성한 버전이다.

펠로톤의 캠페인 어젠다는 다섯 단어로 구성된다. 대다수 성인이 외울 수 있는 범위인 3~5개 단어 이내에 해당하는 길이다. 펠로톤의 강령은 '이중 일치'를 나타낸다. 캠페인 어젠다와 포지셔닝 모두 '경

캠페인 어젠다 '게임'(5단어 이내)	세계적 수준의 실내 사이클링 스튜디오 경험
캠페인 C-메시지 캠페인을 추진하기 위한 간결한 메시지 (최대 3개)	• "펠로톤의 임무는 사용자의 삶에 보다 접근성이 높고 저렴하고 효과적인 방식 으로 몰입감이 높으며 도전적인 운동을 선사하는 것이다." • "강습에서 경험할 법한 세계적 수준의 실내 사이클링 스튜디오 경험을 집에서 편안하게 누릴 수 있도록 만든다." • "아무리 해도 질리지 않는 획기적인 유 산소 운동을 가능케 한다."
캠페인 후보 캠페인 어젠다에 가장 잘 어울리는 회사 또는 브랜드	**펠로톤**
후보 포지셔닝 이해관계자의 마음에 후보자를 떠올리게 하는 개념(5단어 이내)	**펠로톤 경험**

험'이라는 단어를 사용하고 있다. 세계적 수준의 실내 사이클링 경험을 원하는 고객에게 펠로톤은 더없이 적절한 선택이다.

중요한 사실은 펠로톤의 주된 경쟁자가 다른 홈 피트니스 장비 회사가 아니라는 것이다. 펠로톤은 피트니스 스튜디오의 경험을 재창조하거나 많은 경우 개선함으로써 헬스장과 피트니스 스튜디오와 경쟁을 벌이고 있다. 존 폴리John Foley CEO는 링크드인의 댄 로스Dan Roth 편집장에게 다음과 같이 설명했다.

"펠로톤 자전거 구매자 5명 중 4명은 피트니스 장비를 위해 구매한 것이 아닙니다. 따라서 펠로톤은 사실상 피트니스 장비를 판매하는 것이 아니라 피트니스 자체를 판매한다고 봐야 합니다. 사람들은 날씬한 몸매를 원하죠. 그러면서도 재미있고 효과가 있으며 집에서 편안하게 피트니스 경험을 누리고 싶어 합니다. 펠로톤이 제공하는 서비스가 바로 이런 것입니다. 그 누구도 펠로톤 같은 서비스를 제공하지 않기 때문에 사람들이 이 비즈니스 카테고리에 대해 떠올릴 때 곧 펠로톤을 생각하게 됩니다."

펠로톤은 다른 누구도 이길 수 없는 게임을 하고 있는 셈이다.

2020년 투자자와 애널리스트를 위한 세션 중 펠로톤 경영진은 "더 나은 경험, 더 다양한 선택, 더 좋은 위치(가정)에서 시간차를 두고 사용하여 오프라인을 뒤떨어진 장소로 만들 것"이라면서 전 세계 피트니스 산업에 '디지털 혁명'을 불러일으킬 것이라고 선언했다. 전 세계적으로 3만 6,500곳 이상의 헬스장과 부티크 피트니스가 운영되고 있다. 펠로톤은 2,500달러로 비교적 비싼 바이크+를 구비하면 운동당 비용이 낮아진다는 새로운 경쟁 방안을 통해 사실상 시장의 판도를 바꿨다. "과거에 스튜디오 수업 1회에 30달러를 지불하거나 헬스장을 한 달에 100달러 내고 10번 운동했다고 가정하면 운동당 비용은 10달러"라고 존 폴리 CEO는 설명했다.

"현재 펠로톤 구독자들은 월 구독료(39달러)를 내고 평균적으로 25회 운동을 하고 있으니 운동당 1.6달러를 지출하는 셈입니다. 게다가 더 나은 장소에서 더 훌륭한 하드웨어와 강사를 이용하고 있죠."

펠로톤은 피트니스에 새로운 현상을 만들어냈을 뿐만 아니라 열정적인 추종자들도 확보했다. 어떤 수치를 살펴봐도 성공을 거뒀음을 알 수 있다.

- 지금까지 펠로톤은 40만 대 이상의 자전거를 판매했고 등록한 구독자는 140만 명으로 추산된다. 이는 바이크+가 대당 2,500달러(배송료 및 월 구독료 제외)로 비교적 고가임에도 불구하고 이룬 성과이다. 2021년 전 세계 판매금액은(펠로톤 트레드밀 등 모든 운동 장비 포함) 약 40억 달러에 이를 전망이다.
- 펠로톤은 2019년 9월 상장되었으며 이미 시가총액이 320억 달러를 넘어섰다.
- 소셜미디어 팔로워는 80만 명이 넘으며 이 가운데 다수가 펠로톤 자전거와 경험에 애정 어린 반응을 보내며 입소문을 내고 있다.

펠로톤은 사이클링 앱에 '펠로톤 트레드'와 더불어 근력운동, 러닝, 요가, 유산소 강습, 야외 활동, 명상, 스트레칭, 걷기를 추가했다. 2020년 선보인 새로운 펠로톤 바이크+는 이러한 새로운 스트리밍 서비스의 이점을 모두 누릴 수 있도록 고안되었다.

2020년 폴리 CEO는 《월스트리트저널》과의 인터뷰에서 "집에서 운동하고 이동할 필요가 없는 전 세계적인 디지털 피트니스 기술 플랫폼으로 도약할 계획”이라고 밝혔다. 정치인들과 마찬가지로 폴리는 펠로톤의 원래 캠페인 어젠다를 ‘세계적 수준의 실내 사이클링 스튜디오 경험’을 현재 어젠다인 ‘전 세계적인 디지털 피트니스 기술 플랫폼’으로 바꿨다. 이러한 접근 방식은 2개의 서로 다른 어젠다를 운영하는 것과는 다르다. 펠로톤은 초창기 자전거 서비스에서 성장해가면서 어젠다를 신중하게 변경하고 있는 것이다. 처음에 생각했던 것보다 훨씬 큰 규모로 성장할 수 있음을 깨달았기 때문이다. **초월기업은 생각하고, 행동하고, 큰 성공을 거둔다.**

펠로톤은 경쟁자를 앞설 뿐만 아니라 열정적인 추종자들을 고무시키는 초월기업의 전형적인 예다. 폴리 CEO는 “펠로톤은 단순한 자전거가 아니다. 이 시대에 가장 혁신적인 글로벌 기술 플랫폼을 구축할 수 있다고 믿는다. 전 세계에서 가장 중요하고 영향력이 큰 양방향 미디어 기업을 만들 기회다. 삶을 바꾸고 위대함에 대한 영감을 불러일으키며 사람들을 한데 묶어주는 미디어 기업이다”라고 말했다.

7장에서는 영국의 주류 스타트업 시드립Seedlip과 승차 공유 업체 우버가 새로운 경쟁 카테고리를 장악한 방법을 살펴볼 것이다.

• 사이클링 경험을 재창조한 펠로톤

경쟁 재창조는 어젠다를 수립하는 3가지 방법 중 두 번째에 해당한다. 애플이 휴대전화를 재창조했듯 펠로톤은 실내 피트니스 수업의 사이클링 경험을 재창조했다. 완전히 새로운 자전거 디자인, 새로운 앱, 새로운 추종자로 이러한 경험을 완성했다.

• 우리의 경쟁 상대는 누구인가

펠로톤의 주된 경쟁자는 다른 홈 피트니스 장비 회사가 아니다. 그보다 훨씬 더 큰 헬스장과 피트니스 스튜디오 시장과 맞붙어 경쟁하고, 이들을 넘어서고 있다.

• 초기 어젠다의 확대

최초의 펠로톤 자전거를 출시했을 당시의 원래 기업 캠페인 어젠다는 '세계적 수준의 실내 사이클링 스튜디오 경험'이었다. 펠로톤 트레드밀과 다른 피트니스 앱을 추가로 선보이면서 펠로톤은 사실상 사이클링에 집중한 어젠다를 보다 광범위한 '전 세계적인 디지털 피트니스 기술 플랫폼'으로 확대했다.

경쟁 카테고리화:
시드립, 우배

어젠다를 수립하는 세 번째 방법은 경쟁 카테고리화다. 애플의 아이패드와 같이 새로운 제품 카테고리를 만들거나 장악하는 것이다. 자사 제품이 유일한 선택지인 새로운 카테고리를 만든다면 가장 이상적이다. '긍정적 경쟁 카테고리화'는 제품이 얼마나 더 새롭거나 새로운 세대이거나 차별화되는지를 보여준다. 반면 '부정적 경쟁 카테고리화'는 제품이 얼마나 더 오래되었거나 이전 세대이거나 문제가 있는 상태인지를 보여준다.

새로운 범주를 처음으로 만들면 몇 가지 이점이 있다. 기업이 원하는 대로 카테고리를 규정할 수 있으며 선도자로서 누리는 이점이 있고, 고객의 경쟁사에 대한 인식을 '열등한' 카테고리에 속하는 것으로 만들 수 있다. 또한 새로운 시장을 형성할 수 있다. 카테고리 창시자는 시장에서 점진적인 혁신 기술을 선보이는 경쟁업체보다 급속한 성장과 높은 가치를 인정받는다. 최근 스타트업 시드립은 새로운 카테고리의 선구자가 어떤 혜택을 누릴 수 있는지를 잘 보여준 전형적인 예다.

처음으로 '무알코올 증류주'를 만든 시드립

370년 된 알코올 증류 서적, 9대에 걸쳐 농사를 지은 가문, 디자인 대행사 임원이라는 요소가 조합되면 어떤 일이 벌어질까? 세계 최초의 무알코올 증류주가 탄생한 배경이 여기에 있다. 2013년 어느 토요일 저녁 런던에서 머물던 벤 브랜슨Ben Branson은 맛없는 목테일(Mocktail, 무알코올 칵테일-옮긴이)을 마시고는 괜찮은 무알코올 음료를 만들고 싶다는 생각을 했다.

"토닉 워터를 마시는 데 싫증이 났고, 더는 우산과 체리 장식이 매달린 셜리 템플(여배우의 이름이 붙은 무알코올 칵테일-옮긴이)을 주문하고 싶지 않았어요. 술을 마시지 않을 때 뭔가를 마시고 싶은 딜레마를 해결하고 싶었죠. 어른들을 위한 좋은 대안, 세련된 대안을 찾고 싶었어요."

호기심이 생긴 차에 브랜슨은 『증류의 기술The Art of Distillation』이라는 책의 PDF 버전을 발견했다. 1651년 잉글랜드 의사인 존 프렌치

John French가 처음 펴낸 이 책에는 무알코올 의학적 치료를 위한 약초 처방인 '고급 연금술 준비'를 묘사한 42장의 목판화가 담겨 있었다. 브랜슨은 조지 3세가 소장하다 영국 박물관에 기증된 원본도 찾아냈다. 결국에는 고서 중개인을 통해 1664년 판본을 손에 넣었다.

이 책에 매료된 브랜슨은 대대로 농사를 지은 가문 배경을 살려 인터넷에서 구리 증류기를 구한 다음 직접 재배한 약초를 증류하는 실험을 거듭해 첫 번째 무알코올 증류주를 만들었다. 이후 2년간 주방에서 로즈메리, 타임, 콩류, 건초 등 다양한 약초와 향신료, 채소를 세밀하게 혼합하는 실험을 했다.

2년 뒤 브랜슨은 병에 라벨을 붙이기도 전에 첫 번째 고객을 확보했다. 자신의 아이디어와 더불어 처음 만든 무알코올 증류주의 몇 가지 샘플을 런던의 고급 백화점인 셀프리지Selfridges의 구매자에게 판매한 것이다. 이 구매자는 브랜슨을 런던 최고의 바텐더 5명에게 소개했다. 브랜슨은 세대를 거쳐 전 가문에서 파종할 때 사용하던 바구니 이름을 따서 시드립Seedlip이라는 회사를 설립했다. Seedlip.com에 브랜슨은 초기 반응이 얼마나 뜨거웠는지 밝혔다.

"2015년 11월 4일 런던 셀프리지에서 '시드립 스파이스 94'를 출시했습니다. 처음에는 직접 만든 증류주 1천 병을 판매하는 데 3주가 걸렸지만 두 번째로 만든 1천 병은 3일, 세 번째 1천 병은 온라인에서 불과 30분 만에 동이 났습니다."

브랜슨이 증류주를 내놓은 시점은 절묘했다. 더 건강한 저당 음료에 대한 수요가 높았지만 무알코올 대체 음료는 거의 찾아볼 수 없었던 때였다. 회사에 따르면 "시드립의 사명은 괜찮은 무알코올 선택지를 제공하여 세계인이 음료를 즐기는 방식을 바꾸는 것이다." 시드립이 '사명 선언문'을 작성하지 않고 '사명을 추구한다'는 점에 주목해야 한다. 이것이 초월기업의 전형적인 태도이다. 이에 대한 자세한 설명은 뒤에서 할 것이다.

브랜슨은 경쟁 카테고리화를 활용해 알코올과 청량음료 사이에 있는 제3의 음료 카테고리를 발견하고 장악했다. 브랜슨은 말했다.

"알코올 업계와 청량음료 업계 사이의 중간 지점을 찾아 우리가 만들고 있는 제품으로 장악하기를 시도했습니다. 이는 두 산업 모두에 도전장을 내민 것과 같았죠. 이러한 시도가 호텔, 바, 식당에서 무알코올 음료 제공에 대한 보다 진지한 고민과 논쟁을 촉발하는 계기가 되기를 바랍니다."

2019년 《포브스 매거진》은 시드립을 '게임 체인저'라고 부르면서 "창립자이자 술을 마시지 않는 36세의 벤 브랜슨은 불리함을 무릅쓰고 성인을 위한 무알코올 음료라는 새로운 카테고리를 개척하고 있다"라고 소개했다.

브랜슨은 "새로운 카테고리는 처음에 들었을 때 납득이 되지 않는 경우가 많다. 전기차 혹은 유제품이 포함되지 않은 우유, 심지어 휴대전화와 온라인 쇼핑도 이전에 우리가 알던 바와 크게 엇갈리는 개념이다. 시드립에서 하는 일도 이와 다르지 않다"라고 밝혔다.

캠페인 어젠다 '게임'(5단어 이내)	세계 최초의 무알코올 증류주
캠페인 C-메시지 캠페인을 추진하기 위한 간결한 메시지 (최대 3개)	• "시드립의 사명은 질이 좋은 무알코올 선택지를 제공하여 세계인이 음료를 즐기는 방식을 바꾸는 것이다." • "성인용 무알코올 음료라는 새로운 카테고리를 개척하고 있다." • "'술을 마시지 않지만 뭔가를 마시는' 문제에 대한 해결책을 제시한다."
캠페인 후보 캠페인 어젠다에 가장 적합한 회사 또는 브랜드	시드립
후보 포지셔닝 이해관계자의 마음에 후보자를 떠올리게 하는 개념(5단어 이내)	무알코올 증류주 회사

위의 표는 시드립의 기업 강령을 요약한 것이다.

펠로톤의 플랫폼과 마찬가지로 시드립도 이중 일치를 잘 보여준다. 회사의 포지셔닝은 캠페인 어젠다와 동일한 단어를 사용한다. 시드립이 처음 마케팅 슬로건으로 내세운 것은 '술을 마시지 않을 때 무엇을 마실 것인가?'였다. 종종 마케팅 슬로건은 C-메시지로 사용되어 캠페인 어젠다를 전달하는 데 도움을 줄 수 있다.

브랜슨은 브랜드 인식을 높이기 위해 2가지 전략을 활용했다.

첫째, 그는 '발로 뛴다는 오랜 방식'에 따라 직접 길을 누비면서 세계적인 바텐더와 대화를 나눴다. 비교적 적은 수지만 영향력이 막강한 전 세계 500명의 전문가 집단은 서로 정기적으로 연락을 주고받는다. 브랜슨은 "최고의 바텐더들이 시드립 브랜드를 지지한다면 기회가 있을 것"이라고 믿었다.

둘째, 그는 '언드 미디어'를 사로잡기 위해 노력을 기울였다. 초월 기업을 이끄는 브랜슨은 전통주의 기업이 일반적으로 활용하는 홍보(광고) 미디어보다 언드(무료) 미디어의 영향력이 훨씬 강하고 진실성이 있다는 것을 잘 알았다. 이 과정에서 브랜슨은 술을 마시지 않는 사람들의 '정상성과 사회적 용인'을 위한 운동이 시작되는 데 도움을 줬다. 그는 누구도 바^{Bar}나 파티에서 술을 마시지 않는다는 이유로 불편함을 느끼지 않도록 하는 것이 목표라고 밝혔다.

시드립은 시장에서 폭발적인 반응을 얻었다. 현재 특별한 블렌드 세 종류를 판매 중이며 앞으로 새로운 식전주를 선보이고 더 많은 제품을 공개할 계획이다. 창업한 지 4년도 되지 않아 시드립은 25개국에서 세계 최고의 바, 호텔, 소매점, 미슐랭 스타 식당을 포함한 식당 등 7,500곳 이상에서 세 종류의 증류주를 판매하고 있다. 경쟁 브랜드가 50개가 넘지만 전 세계 무알코올 증류주 시장에서 시장 점유율이 70퍼센트에 달한다.

엄청난 성공을 보이자 기네스, 스미노프 등을 만들고 있는 알코올 음료 시장의 선도기업인 디아지오 코퍼레이션Diageo Corporation이 2019년 시드립의 지분 과반을 인수했다. 258년 역사상 디아지오가 무알코올 음료 회사를 인수한 것은 시드립이 처음이다. 디아지오 유럽, 터키, 인도의 대표를 맡고 있는 존 케네디는 "시드립은 주류 업계에서 가장 흥미로운 카테고리 중 하나에서 판도를 바꾸고 있는 브랜드"라고 평가했다.

브랜슨은 기꺼이 세계 최고의 증류주 회사인 디아지오의 파트너가 되었다. 수백 개의 무알코올 증류주 브랜드가 경쟁을 벌이는 미래에 시드립이 성공하기 위해서는 디아지오의 인수가 핵심 역할을 하리라 생각했기 때문이다. 브랜슨은 디아지오가 "세계인들이 술을 즐기는 방식을 변화시킬 힘과 영향력이 있는 회사"라면서 시드립이 "디아지오 영향력의 효과를 누릴 것"이라고 말했다.

시드립과 대조적으로 우버는 시장에서 승리를 거두기 위해 반드시 첫 번째 진입자일 필요는 없으며 처음으로 시장을 장악하는 것이 중요하다는 것을 보여준다.

후발 주자로서 차량 공유 서비스를 장악한 우버

대다수 사람은 차량 공유 서비스 하면 가장 먼저 우버를 떠올린다.

하지만 정작 차량 공유 서비스를 고안한 회사는 우버가 아니었다. 차량 공유가 처음 시작된 것은 400년 전으로 거슬러 올라간다. 1605년 파리와 런던에서 말과 마차를 활용한 최초의 택시 서비스가 탄생했다. 그로부터 300년 후에 처음으로 자동차 택시('노란색 차')가 등장했다. 차량 공유의 두 번째 카테고리인 리무진 서비스는 프랑스의 리모주Limoges에서 1902년에 처음 등장했다.

세 번째 카테고리이자 공동 탑승을 위해 앱으로 호출하는 최신 버전의 차량 공유 서비스는 사이드카Sidecar의 공동 창업자이자 CEO인 수닐 폴Sunil Paul이 처음 고안했으며 2002년에 이 아이디어에 대한 특허를 냈다. 공동 창업자인 자한 칸나Jahan Khanna와 에이드리언 포르티노Adrian Fortino는 2011년 말 사이드카를 설립했다. 샌프란시스코에 기반한 뉴스 웹사이트인 SF 게이트에 따르면 사이드카는 "우버와 리프트Lyft보다 1년 먼저 개인의 자동차에 개인 간 차량 공유"를 제안했다. 포르티노는 당시 "아이폰으로 내 차를 대신할 것"이라고 말했다.

2016년 《DMNews》에는 '우버가 차량 공유 전쟁에서 승리한 비결과 다음 행보'라는 기사가 실렸다. 기사를 작성한 엘리스 뒤프레Elyse Dupre는 새로운 차량 공유 카테고리에서 성공을 다투는 다섯 유형의 경쟁자가 있다고 분석했다.

"2000년 설립되어 이용자가 직접 운전하는 차량 공유 서비스를 제공하는 집카Zipcar와 같은 기존의 업체, 택시 경험을 재구상하는 스타트업(우버), 장거리 여행자들을 연결하는 스타트업(리프트의 전신인 짐

라이드Zimride), 택시 산업 개선을 위한 소프트웨어를 구축하는 스타트업(겟택시GetTaxi, 카뷸러스Cabulous), 일반 시민이 자기 차를 재고로 취급하여 필요한 사람에게 빌려주고 수익을 얻는 완전히 새로운 시장을 개척하는 스타트업(사이드카)이 있다."

우버의 공동 설립자인 개릿 캠프Garrett Camp와 트래비스 캘러닉Travis Kalanick은 이미 2009년에 우버캡(UberCab, 우버의 전신) 브랜드를 만든 바 있다. 당시 우버캡은 앱 기반으로 기사가 딸린 고급 택시 서비스를 주문형으로 제공했다. 반면 사이드카는 이용자가 앱을 사용해 자기 차로 서비스를 제공하는 운전자의 픽업을 주문하는 간편한 방식으로 개인 간 거래 모델을 사용했다.

뒤프레는 "타깃이 서로 다르기 때문에 접근법도 달랐다. 원래 우버는 기사를 활용해 고객을 A에서 B 지역까지 이동시킨 반면 사이드카는 개인 간 모델을 활용했다. 또한 브랜딩에서도 차이가 있었다. 우버는 소비자에게 고급 주문형 택시 서비스를 제안하고 고가의 SUV와 세단을 활용했다. 이와 반대로 사이드카는 친숙하고 보다 편안한 경험을 제공했다. 운전자가 자차를 사용해 다른 승객을 이동시켰고 손님을 앞자리에 태웠다"라고 설명했다. 우버가 원래 제품 브랜딩에 집중한 것과 달리 사이드카는 차량 공유 경험을 내세웠다는 점을 주목해야 한다.

블로그 '더 라이드셰어 가이'The Ride-share Guy'를 처음 만든 해리 캠벨Harry Campbell은 "사이드카는 차량 공유와 관련해서는 언제나 일등이었습니다. [리프트 공동 설립자인] 존 짐머John Zimmer와 로건 그린 Logan Green이 핑크색 콧수염(리프트의 초창기 로고-옮긴이)을 만나거나 트래비스 캘러닉이 파리에서 택시 잡기가 얼마나 실망스러운지에 대해 생각하기 훨씬 이전에 처음으로 주문형 승차를 제안한 회사였어요. 운전자와 승객 시장에서 경쟁이 과열되기 시작할 때 사이드카는 우버와 리프트가 수년 뒤에야 테스트한 모든 멋진 기술을 고안했습니다. 예를 들면 목적지 필터, 맞춤형 가격 책정, 운전기사 즐겨찾기 기능, 연이은 승차 서비스 이용, 승객이 앱에서 원하는 운전자를 선택할 수 있는 기능 등이 있었죠"라고 설명했다.

하지만 경쟁자인 우버가 곧바로 개인 간 거래 모델에 막대한 기회가 있음을 깨닫고는 사이드카가 개척한 대규모 차량 공유 시장에 뛰어들었고, 2012년 우버X를 출시했다. 이 카테고리에 진출한 최초의 기업은 아니었지만 우버는 이내 이 카테고리의 새로운 리더가 되었다. 결국에는 차량 공유 산업을 장악하기에 이르렀다. 시장을 차지하기 위해 우버는 초월기업 체계의 적용, 우위, 전파자, 인식이라는 4A를 활용했다.

· 적용/우위: 당시 우버는 경쟁업체와 비교했을 때 대규모 자금 확보 등 몇 가지 이점을 누리고 있었다. 풍부한 자금으로 더 많은 운전자를 채용하여 최상의 차량 공유 서비스를 제공했다. "우버는 운전자와 승객을 가장 많이 보유하고 있었기 때문에 픽업 시간이 가장

빨랐다"라고 캠벨은 말했다. 사이드카의 포르티노 역시 이를 인정할 수밖에 없었다.

"우버는 최단 픽업 시간을 계속 유지했기 때문에 승리했어요. 지나고 보니 우버가 가장 많은 자금을 확보한 것이 비결이었습니다. 자금은 데이터 과학에 투자되었고 운전자 채용으로 이어졌어요. 경쟁 역학은 픽업 시간이라는 하나의 요인으로 결정된다고 생각합니다. 얼마나 빨리 픽업할 수 있는가에서 게임이 끝납니다."

아울러 우버는 승객에게 탁월한 경험을 제공하여 모델을 급격하게 개선시켰다. 예를 들어 우버 앱을 통해 간단하게 예약할 수 있고 상세한 운전자 정보를 표시하여 픽업이 안전하게 이루어지며 우버 X, 우버XL, 우버셀렉, 우버블랙과 같은 다양한 자동차 옵션이 제공된다. 기존의 택시나 리무진보다 요금이 저렴하고 현금 이외의 수단으로 결제 가능하며 운전자를 선발하고 교육하고 고객 의견과 평점을 통해 모니터링하기 때문에 운전자의 수준과 전문성이 높다.

· 전파자: 우버는 첫 이용 시 무료로 승차할 수 있는 기회를 주고 다른 승객을 추천하면 보상을 제공하는 등 열정적인 지지자와 얼리어답터를 격려한다. 한 '우수 추천인'의 경우 5만 달러의 추천 크레딧을 받은 것으로 알려졌다. 이 같은 지지자들은 우버를 알리고 입소문을 내는 데 도움을 준다. 초기에 우버는 우버 VIP라는 승객 로열티 프로그램을 시작했다가 나중에 우버 리워드로 발전시켰다. 이 프로

그램은 승객이 우버 플랫폼에서 지출한 비용을 토대로 보상을 지급하여 충성도를 더욱 높인다.

•인식: 마케팅 솔루션 공급업체인 아넥스클라우드Annex Cloud에 따르면 우버는 주문형 열기구, 보트 타기, 강아지나 고양이 안아주기, 와인 여행, 크리스마스 트리 투어, 헬리콥터 탑승과 같이 눈길을 끄는 홍보 활동을 통해 입소문을 냈다. 우버는 잘 알려진 업체들과 제휴하여 인지도를 높이기도 했다. 예를 들어 캐피털원Capital One과 제휴하여 신용카드 고객에게 우버 이용금액을 할인해주고 스타우드 호텔을 통해서는 프리퍼드 게스트Preferred Guest에게 우버를 이용할 수 있는 호텔 포인트를 지급했다. 프로필을 우버 계정과 연결한 스포티파이 사용자들은 우버 차량에서 음악 재생목록을 이용할 수 있다. 이러한 파트너십은 인지도를 높이고 회사를 알리는 데 도움이 되었다.

중요한 사실은 우버의 모든 조치가 기업의 캠페인 어젠다인 '모두의 개인 운전사'를 뒷받침하고 일치한다는 점이다. 우버는 오른쪽 표에 요약된 초기 캠페인 어젠다와 강령을 지속적으로 알렸다.

우버는 거대 기업으로서 말 그대로 관련 어휘를 바꾸고 있다. 이제는 "택시를 부른다"는 사람보다 "우버를 부른다" 혹은 "우버링한다"라고 말하는 사람이 더 많다. 《그로스 해커스》 게시물에서 션 엘리스, 에버렛 테일러, 딜런 라 콤은 "우버가 [택시] 경험 전반을 재구상하여 원활하고 쾌적하게 만들기 시작했다. 우버는 체계의 어느 한

캠페인 어젠다 '게임'(5단어 이내)	**모두의 개인 운전사**
캠페인 C-메시지 캠페인을 추진하기 위한 간결한 메시지 (최대 3개)	• "우버는 이동을 위한 가장 스마트한 방법이다." • "앱을 탭하고 차에 탑승한다." • "현대 도시인의 필요를 한곳에서 해결하는 운영체제다."
캠페인 후보 캠페인 어젠다에 가장 적합한 회사 또는 브랜드	**우버**
후보 포지셔닝 이해관계자의 마음에 후보자를 떠올리게 하는 개념(5단어 이내)	**전 세계 승차 공유 시장의 독보적인 리더**

면(예: 기존 택시 인프라에 모바일 결제 도입)만 바꾼 것이 아니라 모바일 호출, 매끄러운 결제 절차, 더 나은 차량 제공부터 팁을 없애고 운전자에 평점을 부여하기까지 전체 경험을 변화시켰다"라고 말했다. 우버는 초월적인 승차 경험을 만들었고 그 결과 다른 회사에서 미리 만든 새로운 차량 공유 카테고리를 장악하게 되었다.

지난 10년간 우버는 폭발적인 성장을 이어갔고 거대한 기술 플랫폼을 활용해 여러 사업에 진출했다. 브랜드별로 자체적인 포지셔닝을 했지만 현재 우버 강령을 담은 표에서 알 수 있듯이 이제는 회사의 새로운 캠페인 어젠다인 '세상에 활력을 불어넣기'에 집중한다.

캠페인 어젠다	세상에 활력을 불어넣기		
C-메시지	• "다양한 제품과 부문에서 충성도 높고 중요한 월간 활성 사용자를 토대로 유례없는 대규모 성장 실현" • "비즈니스를 시작하고, 확장하고, 최적화하는 데 우버의 특별한 플랫폼 자산을 활용"		
제품/포지셔닝	우버 라이드: 전 세계의 독보적인 리더	우버 이츠: 패스트 푸드 배달	우버 프레이트: 함께 움직이는 세상
P-바이트	• 운영하는 모든 주요 지역에서 1위 • 지속 가능하고 저렴한 제품 • 잠재력이 큰 성장 시장	• 세계적 수준의 시장에 접근 • 전 세계적 운영 • 브랜드 인지도	• 즉각적 용량 조정 • 성공을 위한 허브 • 전속력으로 운송

현재 새로운 제품에는 우버 이츠(Uber Eats, 패스트푸드 배달 포지셔닝), 우버 프레이트(Uber Freight, 함께 움직이는 세상), 기업용 우버(Uber for Business, 기업의 이동 방식 간소화), ATG(Advanced Technology Group, 자율주행 자동차 부문), 우버 엘리베이트(Uber Elevate, 드론 배송 등 우버 이동성의 미래), 우버 헬스(Uber Health, 건강 관련 일정을 위한 승차 예약으로 '노쇼[no-show]'는 적고 정각에 승차하는 경우가 더 많음), 우버 뉴 모빌리티(Uber New Mobility, 점프 바이크와 스쿠터) 등이 있다.

우버는 현재 다양한 제품과 부문에서 연간 580억 달러 규모의 예약과 700억 건의 이동을 처리하며 69개국 1만 개 도시에 500만 명의 운전자가 활동하고 있다. 현재 기업 가치는 1,070억 달러 이상으로 제너럴모터스, 포드, 혼다 등 세계 3대 자동차 제조업체의 가치를 넘어선다. 오늘날의 차량 공유 체계를 처음으로 만들었으나 2015년 12월 운영을 중단한 사이드카는 남은 자산과 지적재산권을 2016년 1월 제너럴모터스에 넘겼다.

2단계에서는 효과적인 어젠다 전달을 위한 4가지 기준을 살펴볼 것이다.

· 새로운 카테고리를 만들어내라

어젠다 수립의 두 번째 기술은 새로운 제품 카테고리를 만들거나 장악하는 경쟁 카테고리화다. 시드립의 설립자 브랜슨은 경쟁 카테고리화를 성공적으로 활용하여 알코올과 청량음료 사이에 위치한 무알코올 증류주라는 새로운 카테고리를 개척했다. 시드립은 전 세계의 시장 점유율이 70퍼센트에 달해 이 카테고리의 지배적인 기업이 되었다.

· 꼭 카테고리의 선구자가 아니어도 된다

성공적인 경쟁 카테고리화를 위해 새로운 제품 카테고리를 시작할 필요는 없다. 우버는 차량 공유 서비스 카테고리를 만든 회사는 아니지만 초월기업의 접근법을 활용하여 이 카테고리를 장악했다.

어젠다 전달

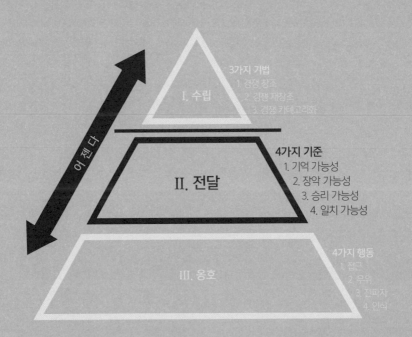

3가지 기법
1. 경쟁 창조
2. 경쟁 재창조
3. 경쟁 카테고리화

I. 수립

어젠다

II. 전달

4가지 기준
1. 기억 가능성
2. 장악 가능성
3. 승리 가능성
4. 일치 가능성

III. 옹호

4가지 행동
1. 접근
2. 우위
3. 전파자
4. 안식

8

기억 가능성:
가이코

캠페인 어젠다를 수립했다면 초월기업 체계의 다음 단계는 어젠다를 전달하는 것이다. 캠페인 어젠다의 실현 가능한 효과를 평가할 때 4가지 기준을 사용한다.

1. 기억 가능성: 어젠다를 쉽게 기억하고 떠올릴 수 있는가?
2. 장악 가능성: 기업이 이 어젠다와 가장 밀접하게 연관되어 있는가?
3. 승리 가능성: 기업이 경쟁사의 어젠다를 이기는 데 이 어젠다가 도움이 되는가?
4. 일치 가능성: 사내 전문가들이 이 어젠다를 지지하고 실현하는가? 고객과 다른 이해관계자가 이 어젠다를 믿고 전달하는가?

이러한 기준을 기억하는 데 도움이 되도록 'MOWA'라는 약자를 사용하겠다. 먼저 기억 가능성Memorable의 의미를 자세히 살펴본 다음 9장에서는 장악 가능성Ownable, 10장에서는 승리 가능성Winnable, 11장에서는 일치 가능성Alignable에 대해 알아보겠다.

효과적으로 기억할 수 있는 캠페인 어젠다에는 5가지 특성이 있다. 바로 **단순성, 차별성, 반복성, 일관성, 시각화**이다.

누구나 쉽게 기억하는 어젠다의 5가지 특성

특성 1. 단순성

인간은 단기 기억과 장기 기억이라는 2가지 방식으로 뇌에 정보를 저장한다. 단어에서 알 수 있듯 단기 기억은 일시적이며 기본적으로 우리가 생각하는 바가 여기에 해당한다. 반면에 장기 기억은 훨씬 더 많은 정보를 오랫동안 기억할 수 있도록 해준다.

단기 기억 용량에는 제한이 있으며 빠르게 휘발된다. 1956년 G. 밀러G. A. Miller가 실시한 초기 기억 연구에 따르면 당시 대다수의 성인은 단기적으로 7±2개 단어 또는 한 번에 20~30초 분량의 정보 '청크chunk'를 기억할 수 있었다. 하지만 미주리 대학교의 넬슨 카원 박사 등이 최근 수행한 연구에서는 오늘날 미국의 성인들이 단기적으로 4±1개 단어 또는 정보 청크를 기억할 수 있는 것으로 나타났다.

2010년 「마법 같은 4의 미스터리: 작업 기억 용량이 제한되는 방식과 그 이유」라는 연구 논문에서 카원 박사는 "작업 기억의 중심 요소에는 기본적으로 한도가 있다. 대체로 청년들은 3~5개 청크를 기억한다"라고 밝혔다. 최근 단기 기억 용량이 43퍼센트 줄어든 것은 2가지 요인이 영향을 미쳤을 수 있다. 전화번호와 다른 정보를 기억하는 데 휴대전화에 과도하게 의존하는 현상과 날마다 쏟아지는 정보의 양이 기하급수적으로 증가했기 때문이다.

정보를 기억하게 하려면 다섯 단어 이내여야 한다. 이러한 발견은 초월 기업의 소통을 이해하는 데 굉장히 중요하다. 장기 기억에 남겨두고 싶다면 우선 단기 기억에 남아야 하고 단기 기억에 남으려면 다섯 단어 이내여야 한다.

예를 들어 지난 70년간 미국 대통령의 1기 선거 운동 슬로건을 살펴보자.

- 1948년 해리 트루먼: The Buck Stops Here(모든 책임은 제가 집니다)
- 1952년 드와이트 아이젠하워: I like Ike(나는 아이크가 좋아요)
- 1960년 존 F. 케네디: A time for Greatness(위대함의 시간)
- 1964년 린든 존슨: All the Way with LBJ(LBJ와 끝까지 함께)
- 1968년 리처드 닉슨: This Time, Vote Like Your Whole Life Depended on It(이번엔 인생 전체가 달린 것처럼 투표하세요)
- 1976년 지미 카터: A Leader, For a Change(변화를 위한 리더)

- 1980년 로널드 레이건: Let's Make America Great Again(미국을 다시 위대한 나라로 만듭시다)

- 1988년 조지 H. W. 부시: Kinder, Gentler Nation(더 친절하고 다정한 나라)

- 1992년 빌 클린턴: For People, For a Change(국민을 위한, 변화를 위한), 비공식적 슬로건은 "It's the Economy, Stupid!(문제는 경제야, 바보야!)"

- 2000년 조지 W. 부시: Compassionate Conservatism(온정적 보수주의)

- 2008년 버락 오바마: Change(변화)

- 2016년 도널드 트럼프: Make America Great Again(미국을 다시 위대하게)

- 2020년 조 바이든: Battle for the Soul of America(미국의 정신을 위한 투쟁)

닉슨과 바이든을 제외한 모든 당선자는 다섯 단어 이내의 단순한 슬로건을 사용했다. 모든 슬로건이 곧 캠페인 어젠다는 아니라는 점을 이해하는 것이 중요하다. 어떤 경우에는 슬로건이 사람들이 후보자를 떠올리는 데 도움이 되는 함축적이고 외우기 쉬운 단어로 구성되어 있다. 하지만 캠페인 어젠다는 후보자가 선거를 프레이밍하기 원하는 렌즈다. 예를 들어 '나는 아이크(아이젠하워의 애칭-옮긴이)가 좋아요'는 슬로건이지만 어젠다는 아닌 것이다. 이 슬로건은 캠페인 어젠다가 아니라, 후보자나 '브랜드'를 앞세운 경우다.

나는 고객들에게 4개의 단어로 어젠다를 만들 것을 권한다. 어떤 사람들에게는 5개 단어도 기억하기 버겁기 때문이다. 단어 수가 적을수록 기억하기 쉽다는 점이 중요하다. 카원 박사는 이를 '단순함의 극대화'라고 부른다.

사람들이 다섯 단어 이내의 개념을 머릿속에 각인할 수 있도록 나는 엘리베이터 비유를 종종 들곤 한다. 전통주의 기업 체계에서는 '엘리베이터 피치Elevator Pitch'를 강조했다. 영업 전문가가 엘리베이터에서 잠재고객을 마주치는 경우 몇 층을 올라가는 약 30초 동안 엘리베이터 안에서 제품이나 기업을 알려야 하는 것이다. **초월기업 체계에서는 '엘리베이터가 닫히는 순간'을 노려야 한다.** 영업 전문가는 엘리베이터 문이 닫히기 전, "Wait, hold the elevator!(잠깐, 엘리베이터를 세워주세요!)"처럼 단 4개 단어만 말할 시간이 있다. '엘리베이터가 닫히는 순간'이라는 개념은 엘리베이터에서 고객에게 오직 4개의 단어만 전달할 수 있는 짧은 시간이 주어진다면 캠페인 어젠다를 알려야 한다는 것이다. 브랜드를 홍보하는 것보다 어젠다를 전달하는 것이 훨씬 더 중요하기 때문이다.

단순하게 전달하기는 쉽지 않은 일이다. 1998년 《비즈니스 위크》의 기사는 스티브 잡스의 말을 인용했다.

엘리베이터 소통
◀ 전통주의 기업 체계: '엘리베이터 피치' 30초 논의 → 몇 개의 문장
▶ 초월주의 체계: '엘리베이터가 닫히는 순간' 네 단어로 마무리 → "잠깐, 엘리베이터를 세워주세요!"

"집중과 단순함은 내 만트라(Mantra, 기도나 명상 때 외우는 주문-옮긴이) 중 하나입니다. 단순하게 만드는 것이 복잡한 것보다 어렵습니다. 단순하게 만들기 위해 생각을 정리하려면 많은 노력을 기울여야 하죠. 하지만 결과적으로는 그럴 만한 가치가 있습니다. 단순함에 이르는 순간 산을 옮길 수 있기 때문입니다."

예를 들어 잡스가 아이팟을 소개할 때 "아이팟은 185그램이고 휴대성이 매우 뛰어난 디지털 음악 기기로, 초박형의 5GB 하드드라이브에 1천 곡을 저장할 수 있습니다. 아이팟이 맥에 연결될 때마다 자동으로 충전되는 리튬 폴리머 배터리 덕분에 10시간 연속 음악을 재생할 수 있습니다"라고 설명할 수도 있었다. 하지만 잡스는 "1,000 songs in your pocket(내 손 안의 천 곡)"이라는 다섯 단어로 간단히 소개했다.

최고의 초월기업과 전문가들은 캠페인 어젠다, 제품 포지셔닝, 전통기업의 브랜드 메시지를 대신하는 간결한 제품 설명인 'P-바이트', 경쟁자 포지셔닝에 5개 이하의 단어를 사용한다.

특성 2. 차별성

돋보이는 캠페인 어젠다는 기억될 가능성이 훨씬 크다. 예를 들어 빌 클린턴 후보가 1992년 대선에서 사용한 공식 캠페인 어젠다는 '국민을 위한, 변화를 위한'이었다. 하지만 사람들은 비공식 어젠다인 '문제는 경제야, 바보야'를 더 많이 기억하는데, 바로 독특함 때문이다. 클린턴의 정치 전략가인 제임스 카빌James Carville은 캠페인 '공식 메시지'가 합치되기를 바랐기 때문에 저 표현을 아칸소주 리틀록의 선거 캠페인 본부에 게시했다. 처음에는 선거팀 내부를 향한 지침이었지만 경제에 집중한다는 표현은 훨씬 기억하기 쉬웠고 결국에는 클린턴의 대선 캠페인 성공을 이끈 실질적인 캠페인 어젠다가 된 것으로 알려졌다.

오하이오 주립대학교 심리학 교수이자 기억 연구자인 페르 세더버그Per Sederberg는 참신하거나 '독특한' 개념이 기억될 가능성이 훨씬 더 크다는 사실을 발견했다. "이미 알고 있는 지식을 토대로 기억을 쌓아 올려야 하지만 어떤 면에서 기대에 어긋나기도 해야 한다. 다소 기이한 면이 있어야 하는 것이다"라고 세더버그는 말했다.

특성 3. 반복성

사람들이 기억하도록 만들려면 단순하고 차별화된 다섯 단어의 캠페인 어젠다만으로는 충분하지 않다. **반복해서 전달하는 것이 더 중요하다.** 이는 효과적인 캠페인 전달의 목표이기도 하다. 전통주의 기업 체계에서 대부분 마케터들은 고객이 브랜드 메시지를 인지하는 것만으로 만족한다. 초월기업 체계에서 비즈니스 전문가들은 고객이 캠페인 어젠다를 다른 여러 이해관계자에게 반복해서 퍼뜨리기를 원한다(변화, 미국을 다시 위대하게 등). 이는 다른 사람의 얼굴을 알아보는 것과 그 사람의 이름을 기억하고 반복하는 것의 차이와 비슷하다.

이해관계자가 캠페인 어젠다를 계속 반복하게 하려면 우선 어젠다를 여러 번 들어야 한다. 반복에 관한 연구에 따르면 캠페인 어젠다의 반복적인 전달을 통해서만 이해관계자가 어젠다를 기억하고 반복하는 것으로 확인되었다. 미국에서 기억력 대회를 두 번 우승하고 기억력 훈련 전문가로 활동하는 론 화이트Ron White는 다음과 같이 설명한다.

"반복은 기억력을 높이는 비결 중 하나입니다. 배운 것을 머릿속에서 강화하며 반복할수록 더 잘 기억할 수 있습니다. 일단 기억하기만 하면 여러 해 동안 그 정보를 활용하지 않더라도 사라질 가능성이 낮죠."

무엇보다 정보를 떠올리면 기억력이 극적으로 높아진다. 어릴 때는 단어 철자가 뇌리에 박힐 때까지 반복해서 외웠다. 이러한 단어를 쓰면 쓸수록 철자가 잘 기억나고 그 단어가 머리에 남을 가능성이 커진다. 마찬가지로 이전에 학습한 정보를 장기 기억에서 더 많이 상기할수록 기억력이 좋아진다.

특성 4. 일관성

기억력의 핵심은 동일한 정보를 반복적으로 되새기는 것이다. 따라서 최고의 정치인은 다섯 단어 이내의 캠페인 어젠다를 반복할 때 꼭 일관성을 지킨다. 일관성이란 매번 똑같은 단어를 반복한다는 것을 의미한다. 2016년 대선 기간 중 트럼프 대통령은 네 단어의 캠페인 어젠다인 'Make America Great Again'에서 멀어진 적이 한 번도 없었다. "USA를 다시 위대한 나라로 만듭시다" 또는 "미국을 더 나은 나라로"와 같이 말하지 않았다. 동일한 네 단어를 끊임없이 외쳤다.

마찬가지로 보리스 존슨Boris Johnson은 2019년 영국에서 열린 선거에서 'Get Brexit Done(브렉시트 완수)'이라는 캠페인 어젠다를 일관적이고 지속적으로 반복해 보수당의 승리를 이끌었다. 선거 다음 날인 2019년 12월 11일 《워싱턴 포스트》는 "영국 총선 결과가 몇 시간 안에 나오지 않겠지만 이미 캠페인 슬로건에서 명백한 승자가 가려졌다. '브렉시트 완수'라는 슬로건은 6주간의 선거 기간에 보리스 존슨 총리와 보수당이 가장 많이 외친 말이다. 존슨 총리는 반복해서 슬로건을 인용했다. 수요일에는 20번 이상 트윗했으며 목요일 아침에도 언급했다. 이번 주 초에는 이 문구가 새겨진 불도저로 허술한 벽을 무너뜨렸다. 그 결과 정치 포커스 그룹에 가장 먼저 떠오르는 슬로건을 물었을 때 '브렉시트 완수'라는 답변이 돌아왔다"라고 보도했다.

맨체스터 대학교의 정치학 교수인 롭 포드Rob Ford는 보수당의 '저돌적인 메시지 원칙'이 2019년 선거 결과에 결정적 요인으로 작용했다고 평가했다. 《타임》지는 한 걸음 더 나아갔다. "'브렉시트 완수'는 영국 선거에서 보수당의 캠페인에 관련된 모든 게시판, 팸플릿, 현관에 반복적으로 등장했다. 간밤에 선거 결과가 확인되었는데 세 단어의 슬로건이야말로 보리스 존슨의 보수당이 압도적으로 승리하는데 기여한 것이 분명하다. 두 정당을 비교하면 보수당의 메시지 원칙이 놀라울 정도로 인상적이었던 반면 노동당은 무척 산만하고 혼란스러운 신호를 보냈다"라고 분석했다.

제품 전달에서 단순성, 차별성, 반복성, 일관성을 중시하는 초월기업 전문가들은 이해관계자가 캠페인 어젠다를 더 많이 기억해내고 신뢰하도록 만든다. 이것은 제품 매출의 증가라는 결과를 불러온다.

특성 5. 시각화

캠페인 어젠다의 기억을 돕기 위해 전문가들은 사진과 그림 같은 시각 자료를 활용한다. '한 장의 사진이 천 마디 말의 가치를 지닌다'라는 격언에는 여러 유래가 전해지지만 과학적 연구에서 입증된 바 있다. 이를 '그림 우월성 효과Picture Superiority Effect'라고 부른다. 간단히 말해 인간은 단어('코끼리')보다 사진이나 그림(코끼리 사진)으로 정보가 제시될 때 그 정보를 기억하고 떠올릴 가능성이 더 크다. 프레젠테이션 전문가인 마르타 케이건Marta Kagan에 따르면 인간은 시각적 콘텐츠를 더 잘 기억할 뿐만 아니라 문자 입력보다 6만 배 더 빠른 속도로 뇌에서 시각 정보를 처리한다. 사진은 정확한 재현인 반면 문자는 구상적 재현이기 때문일 수 있다.

정치인들은 그림 우월성 효과를 광범위하게 활용한다. 오바마의 지지자들은 희망/변화 포스터를 사방에 붙였으며 트럼프 대통령과 지지자들은 거의 어디에나 빨간색의 '미국을 다시 위대하게' 모자를 쓰고 나타났다. 최고의 초월기업과 전파자들은 애플의 상징적인 한 입 베어 먹은 사과 모양, 스타벅스의 세이렌, 나이키의 스우시 로고와 같이 독특하고 기억하기 쉬운 이미지를 만들어 이해관계자를 세뇌시키려고 많은 공을 들인다.

물론 로고는 초월기업 체계에서 새로운 요소가 아니다. 로고는 고대 상형 문자, 상징주의, 가문의 문장紋章에서 비롯되었다. 초기 형태는 중세(1300년경) 시대에 가게와 술집에서 판매하는 물건을 돋보이게 하려고 간판을 사용한 데서 유래했다. 최초의 근대 로고 디자인은 대량 인쇄 기술이 발전한 1900년대 초에야 나타났다. **초월기업은 캠페인 어젠다와 일치시키고 뒷받침하기 위해 로고를 효과적으로 사용한다.**

예를 들어 1971년 나이키의 설립자 필 나이트Phil Knight는 자신의 회계 강의를 듣던 캐롤린 데이비슨이라는 그래픽 아티스트에게 '움직임에 대한 영감을 주는' 로고 디자인을 요청했다. 데이비슨은 몇 가지 로고를 만들었고, 그중 하나가 그리스 승리의 여신인 니케의 날개에서 착안한 스우시 상징이었다. 이 이미지는 사람들에게 일단 움직일 것을 권하는 나이키의 'Just Do It(그냥 해)' 캠페인 어젠다와 완벽하게 일치한다. 초월기업 체계에서 기업은 브랜드 로고를 폭넓게 활용하지만, 로고는 전체 캠페인 어젠다에 대한 인식을 조성하고 강화하기 위해 디자인된다.

기억하기 쉬운 어젠다로 승리한 가이코

가이코GEICO는 주로 자동차를 전문으로 하는 보험 업계의 선두 업체다. 단순성, 차별성, 반복성, 일관성, 시각화라는 5가지 특성을 활용해 기억하기 쉬운 캠페인 어젠다를 어떻게 전달하는지를 보여주는 대표적인 예다. 1999년 TV 광고를 시작으로 가이코는 "15분이면 자동차 보험료를 15퍼센트 이상 절약할 수 있다"라고 주장했다. 초월기업의 관점에서 보자면 가이코는 '15분, 15퍼센트'라는 단순한 네 단어의 캠페인 어젠다를 오른쪽 표와 같이 전달했다.

가이코는 20년 이상 온라인과 오프라인 광고에서 동일한 캠페인 어젠다를 끈질기게 반복했다. 가이코를 특별하게 만든 요소는 어젠다를 전달한 방식이다. 기존 기업의 광고와 달리 가이코는 한 번에 여러 유형의 광고를 진행했다. 게다가 상징적인 도마뱀부터 원시인,

캠페인 어젠다 '게임'(5단어 이내)	**15분, 15퍼센트**
캠페인 C-메시지 캠페인을 추진하기 위한 간결한 메시지 (최대 3개)	• "15분이면 자동차 보험료를 15퍼센트 이 상 절약할 수 있습니다." • "모두가 그 사실을 알죠." • "원시인도 알 정도로 쉽습니다."
캠페인 후보 캠페인 어젠다에 가장 적합한 회사 또는 브 랜드	**가이코 보험**
후보 포지셔닝 이해관계자의 마음에 후보자를 떠올리게 하는 개념(5단어 이내)	**손쉬운 절약**
경쟁자 포지셔닝 주요 이해관계자들의 마음에 경쟁자에 대한 인식 형성하기(5단어 이내)	다른 모든 경쟁자: 어렵고 비용이 많이 듦

피노키오에 이르기까지 최대 여섯 종류의 서로 다른 시각적 캐릭터
를 광고에 활용했다.

　호크파트너스HawkPartners의 컨설턴트인 신시아 헤르는 「위대한
광고를 위한 3가지 요소」라는 가이코에 대한 분석 보고서를 냈다. 보
고서에서 헤르는 "가이코의 메시지는 단순할 뿐만 아니라 오랫동안
진정성을 유지했다. 가이코는 역사상 가장 오래 유지된 태그라인(기
업이나 브랜드에 꼬리표처럼 따라붙는 짧은 문구-옮긴이)과 유도 문구 전략을
활용한 결과, 상기율想起率이 90퍼센트에 달한다. 캠페인이 유별나게

느껴질 수도 있다. 가이코는 연이어 광고를 냈는데 여러 광고를 한 번에 내보내는 경우도 많다. 어느 날은 [광고에] 낙타가 등장하고 그다음 날에는 수신인 지불 통화를 다루고 그다음 날엔 집에 가는 길 내내 자동차 창문에 매달려 '꿀꿀꿀' 우는 돼지가 나오기도 한다. 하지만 핵심 메시지는 변함 없으며 태그라인도 바뀐 적이 없다. 매번 새로움을 유지한다는 것이 큰 변화를 뜻하지는 않는다. 오히려 메시지에 일관성을 유지하는 것이 창의성과 혁신을 가능케 한다"라고 분석했다. 특히 가이코의 거의 모든 광고는 '15분, 15퍼센트'라는 핵심 캠페인 어젠다에 부합하며 이를 일관되게 전달한다.

심지어 가이코는 대상 잠재고객을 놀리기까지 한다. "원시인도 알 정도로 쉽습니다." 또 다른 광고에서는 "15분이면 15퍼센트 이상의 자동차 보험료를 절약할 수 있습니다. 모두가 그 사실을 알죠"라고 말한다. 모두가 그 사실을 어떻게 알까? 가이코가 반복적이고 일관적으로 같은 어젠다를 수십 년 동안 외쳤기 때문이다.

광고 데이터 회사인 미디어레이더MediaRadar에 따르면 가이코는 2020년 1분기에만 3억 9천만 달러를 광고에 투자했다. 미국의 그 어떤 기업이 쓴 것보다 큰 액수다. 이는 초월기업에서는 이례적이다. 가이코는 시장의 리더인 스테이트팜 보험과 경쟁하기 위해 독특한 광고 접근법을 활용하고 있다. 스테이트팜State Farm은 1만 9,200개의 보험대리점으로 구성된 거대한 보험중개인 네트워크를 통한 홍보에 치중한다. 중요한 점은 가이코가 캠페인 어젠다를 직접 뒷받침하고 그에 일치하는 광고를 한다는 것이다.

비즈니스 지적재산권 사이트인 IPWatchdog의 러네이 퀸에 따르면 가이코의 초기 광고 캠페인 전략은 인쇄 광고, 라디오 광고, 텔레비전 광고로 시장을 뒤덮는 것이었다. 그 이후에는 디지털 미디어에서 메시지 전달을 대대적으로 확대했다. "어떤 채널을 시청하든, 어떤 라디오 방송을 듣든, 어떤 신문이나 잡지를 읽든 최소한 가이코 광고를 한 번은 마주칠 가능성이 컸다"라고 말했다.

이러한 반복과 일관성 수준은 종종 초월기업 승리자를 전통주의 경쟁자들과 구분 짓는다. 대다수의 전통주의 마케터는 고객이 브랜드에 대한 피로감을 느끼지 않도록 주기적으로 브랜드 메시지를 변경한다. 반면에 가이코는 동일한 네 단어 캠페인 어젠다를 지난 20년 동안 꾸준하게 사용했다. 예를 들어 2020년 코로나바이러스 팬데믹 기간 중 자동차 소유자의 운전이 크게 줄어들자 최대 자동차 보험 회사 중 11곳이 일회성으로 보험료를 환급했다. 네이션와이드 Nationwide는 50달러를, 스테이트팜은 25퍼센트의 크레딧을 제공했다. 가이코는 어떤 제안을 했을까? 언제나 그랬듯 가이코의 캠페인 어젠다인 '15분, 15퍼센트'에 맞게 15퍼센트의 크레딧을 제공했다.

2020년 말 가이코는 도마뱀이 '15분, 15퍼센트'의 유래를 설명하는 광고를 내보냈다. 도마뱀은 처음에 다른 슬로건을 떠올렸다고 주장했다.

"'25분 안에 큰 금액을 절약하게 될 겁니다'였는데 외우기 쉽지 않앉고 머릿속에 맴돌지도 않았죠. 그래서 '15분, 15퍼센트'가 어떨까? 하고 생각해낸 겁니다."

15년 동안 가이코가 단순한 캠페인 어젠다를 반복적이고 일관적으로 전달한 초월기업 접근법을 쓴 결과, 미국의 자동차 보험 상위 기업 순위 5위에서 2위로 뛰어올랐다. 현재 가이코는 생명보험과 건강보험 등 다양한 유형의 보험 상품을 번들로 판매하는 이점을 가진 스테이트팜 보험회사에 시장 점유율에서 단 2점 뒤처져 있으며, 빠르게 따라잡고 있다.

• 어젠다를 효과적으로 전달하는 법

캠페인 어젠다를 수립했다면 그다음 단계는 어젠다를 전달하는 것이다. 캠페인 어젠다의 잠재적인 효과를 평가할 때 4가지 기준을 사용한다. 기억 가능성Memorable, 장악 가능성Ownable, 승리 가능성Winnable, 일치 가능성Alignable을 따져야 한다. 이러한 기준을 쉽게 기억하도록 'MOWA'라고 줄여서 사용하면 편리하다.

• 기억하기 쉽게 하는 5가지 요소

첫 번째 기준은 기억 가능성이다. 기억하기 쉬운 캠페인 어젠다에는 단순성, 차별성, 반복성, 일관성, 시각화라는 5가지의 구성 요소가 있다. 가이코가 20년 동안 실시한 '15분, 15퍼센트' 캠페인은 5가지 요소를 모두 훌륭하게 보여준다.

   –단순성: 정보를 기억하려면 다섯 단어 이내여야 한다. 연구에 따르면 인간은 일반적으로 단기 기억으로 다섯 단어까지 기억할 수 있기 때문에 캠페인 어젠다는 다섯 단어 이하로 작성해야 한다.

   –차별성: 돋보이는 캠페인 어젠다는 기억에 남을 가능성이 훨씬 크다. 예를 들어 빌 클린턴의 1992년 대선 기간 중 캠페인 어젠다는 '국민을 위한, 변화를 위한'이었다. 하지만 사람들은 비공식

어젠다인 '문제는 경제야, 바보야'를 더 많이 기억했다. 독특하기 때문이다.

-반복성: 초월기업의 전달 목표는 사람들이 캠페인 어젠다를 기억하도록 만드는 것뿐만 아니라 다른 사람들에게 반복하도록 유도하는 것이다. 초월기업 체계에서는 이해관계자가 캠페인 어젠다('변화', '미국을 다시 위대한 나라로' 등)를 잠재고객에게 반복해서 전달하기를 바란다. 이 목표를 이루려면 어젠다를 여러 번 들어야 한다.

-일관성: 기억 상기의 핵심은 동일한 정보를 반복적으로 떠올리는 것이다. 일관성이란 캠페인 어젠다를 동일한 단어 그대로 매번 전달한다는 의미다.

-시각화: 이해관계자가 캠페인 어젠다를 기억할 가능성을 높이기 위해 전문가들은 시각화를 활용한다. 그림 우월성 효과는 인간이 단어보다는 로고나 캐릭터 같은 시각적 이미지를 보여줄 때 정보를 훨씬 더 잘 기억한다는 사실을 나타내는 기술 용어다.

장악 가능성:
스위트그린

유능한 정치인들은 캠페인 어젠다를 수립할 뿐만 아니라 장악한다. 그들은 캠페인 어젠다를 믿고 전달하고 그에 따라 행동하며 받아들인다. 예를 들어 2008년 대선에서 버락 오바마에 대한 모든 것은 '변화'라는 오바마의 어젠다를 나타낸다. 대통령 당선이 곧 문화와 정치 모두의 변화를 나타낸다는 점을 강조한 두 권의 책을 발간하면서 오바마는 자신의 어젠다를 장악했다. 1995년 첫 번째 책 『내 아버지로부터의 꿈』에서는 혼혈 인종 배경에 내재되어 있는 불안에 대해 설명했다.

대선 출마를 발표하기 세 달 전인 2006년에는 베스트셀러인 『담대한 희망』을 펴냈다. 이 책에는 참신하면서도 때로는 논쟁을 불러일으킨 오바마의 몇 가지 정책 아이디어가 제시되어 있다. 한 예가

훗날 '오바마 케어'라고도 불리는 건강보험 개혁법으로 발전한 의료보험에 관한 아이디어다. 오바마는 2010년 3월 23일 대통령으로서 건강보험 개혁법에 서명했다.

2008년 대선 기간 내내 오바마는 '변화'라는 어젠다를 전달하고 몸소 보여주며 궁극적으로 장악했다. 2008년 11월 4일 오바마는 최초의 아프리카계 미국인 대통령이 되었다.

'사람들을 진짜 음식과 연결한다'는 스위트그린의 성공 방식

최고의 초월기업은 캠페인 어젠다를 장악한다. 건강식 레스토랑 체인인 스위트그린은 '사람들을 진짜 음식과 연결한다'는 사명을 세우고 거기에 따라 회사를 이끌어왔다. 이 회사의 강령을 오른쪽 표와 같이 요약할 수 있다.

초월기업과 전문가들에게는 사명이 있다. 더 위대한 선善을 위한 캠페인 어젠다에 따라 움직이고 열정을 불태우고 때로는 집착하기까지 한다. 2019년 《포브스》는 기사에서 스위트그린의 공동 설립자이자 최고브랜드책임자인 너대니얼 루Nathaniel Ru의 말을 인용했다.

"최고의 마케팅을 하는 식품 회사가 건강에 가장 해로운 기업이라는 것을 초기에 발견했다. 우리는 '비슷한 마케팅 전략을 사용하면서도 건강한 진짜 음

| 스위트그린의 기업 강령 |

캠페인 어젠다 '게임'(5단어 이내)	**사람들을 진짜 음식과 연결한다**
캠페인 C-메시지 캠페인을 추진하기 위한 간결한 메시지 (최대 3개)	• "사람들을 진짜 음식과 연결시켜 공동체의 건강을 증진하는 것이 우리의 사명이다." • "음식의 대중화." • "스위트그린은 건강하고 간단한 제철 음식을 먹을 수 있는 장소."
캠페인 후보 캠페인 어젠다에 가장 적합한 회사 또는 브랜드	**스위트그린**
후보 포지셔닝 이해관계자의 마음에 후보자를 떠올리게 하는 개념(5단어 이내)	**간단하고 건강한 제철 음식**

식 이야기를 들려주고 대화의 주제로 만들 수 있을까?'에 관심을 두었다. 또한 단순히 사람들에게 채소를 섭취하라고 말하는 것은 효과가 없다는 사실을 깨달았다. 생활 방식과 연결 짓고 음악, 웰빙, 사회적 영향과 같은 고객의 관심 분야와 결부시켜야 했다. 이를 위해 소속된 카테고리 밖으로 눈을 돌려 나이키, 슈프림, 파타고니아 등 자기만의 특별한 시각을 강화하는 방식으로 문화와 사회적 영향을 활용하는 브랜드를 살펴봤다. 초기에 우리가 맞닥뜨린 도전 과제는 스위트그린이 단순히 '샐러드를 파는 곳'이라는 인식을 바꾸고 더 중요한 목표를 지지할 수 있음을 보여주는 것이었다."

여기에서 '이야기를 들려준다', '대화의 주제', '인식을 바꾸다' 등 루가 사용한 단어들이 눈에 띈다. 이러한 어휘는 정치인의 어휘와 매우 비슷한데 대선 후보자의 발언에서 쉽게 찾아볼 수 있다. 루는 스위트그린이 '최고의 마케팅을 펼치는 식품 기업'이 건강에 해로운 음식을 홍보하기 위해 취하는 전통주의 기업 마케팅 접근법에서 벗어나 다섯 단어 어젠다인 'Connecting People to Real Food(사람들을 진짜 음식과 연결한다)'를 내세운 선거 양식의 캠페인으로 바꿔야 한다는 것을 알았다. 특별한 어젠다를 수립하고 전달했으니 이제 다음 단계로 넘어가 승리를 위한 행동을 통해 어젠다를 옹호할 차례다.

스위트그린이 이 어젠다를 어떻게 추진했는지를 보여주는 4가지 행동이다.

• 접근 - 공급망: 스위트그린의 성공 비결은 지역과 현지 농민에게 접근하여 면밀하게 조사하고 협력 관계를 맺은 데 있다. 실제로 스위트그린이 처음으로 보인 행동은 맛이 좋으면서도 현지 농민들에게 얻은 재료를 사용해 건강한 음식을 빠르게 만드는 것이었다. 스위트그린은 인근 농부들과 직접 관계를 맺음으로써 다른 건강식을 제공하는 패스트 캐주얼(패스트푸드와 캐주얼 레스토랑의 중간 개념으로 빠르면서도 합리적 가격에 건강한 음식을 제공하는 외식 형태-옮긴이) 체인과 차별화시켰다. 루는 "전국의 현지 농민 150명과 협력하여 최상급의 진짜 음식을 대량으로 제공하고 있다. 재배자들과 의미 있는 관계를 맺으면

서도 약 100곳에서 재배자들의 상품에 도움이 되는 기술을 적용하기 위해 수많은 시간을 투입했다. 식료품이 파종 단계에서 매장에 입고 되기까지 공급망의 모든 단계에 개입하는데 이것이 더 맛 좋은 최종 상품을 만들어낸다고 믿는다"라고 밝혔다.

성공을 이어가기 위해 2018년 스위트그린은 출장 시스템을 도입했다. 사무실과 아파트 건물에 브랜드가 새겨진 선반을 설치하여 고객이 줄을 서거나 수수료를 내지 않고 직접 여러 주문을 할 수 있는 시스템이다. 회사는 주문받은 각 물품을 그룹 배송 위치까지 배송한다. 이러한 카페테리아 개념을 도입하자 피크 타임에 배달 주문과 매출이 급격히 증가했다. 스위트그린의 조너선 네만Jonathan Neman은 《QSR 매거진》에 "고객이 있는 곳이면 어디든 가서 고객을 만난다는 이니셔티브의 일부"라면서 새로운 이니셔티브에 대해 설명했다.

"우리는 언제나 건강한 음식을 쉽고 편리하게 제공하기 위해 노력합니다."

• 우위 - 기술: 스위트그린은 패스트 캐주얼 체인으로서는 처음으로 자체 주문 앱을 운영하고 매장에서 대규모 직접 수령과 배달 주문을 처리하도록 설계하며 매장 수령을 위한 넓은 공간을 마련하기 위해 애썼다. 덕분에 가장 바쁜 시간대에 주문이 급격하게 증가했다.

루는 "진짜 음식에 쉽게 접근할 수 있는 미래를 위해 데이터와 혁신 기술을 활용하는 새로운 방식을 늘 찾고 있다. 기술이 발전함에 따라 댄 바버Dan Barber 셰프와 로 7Row 7 등의 혁신가들과 새로운 채소를 재배하고 재료를 [IT 플랫폼] Ripe.io를 통해 블록체인에 넣는 등 모든 변화를 가능케 하는 관계를 지속적으로 맺고 있다. 이 모든 기술은 식료품 체계의 투명성을 높이면서도 향미 프로필을 극대화한다"라고 설명했다.

스위트그린은 고객이 어떤 농장에서 샐러드 재료를 재배했는지 추적할 수 있도록 첨단 기술을 활용하고 있다. 이렇게 하면 말 그대로 사람들을 진짜 음식과 연결할 수 있다. 루는 스위트그린의 '주방 기술'이 이미 우버의 정교한 기술에 견줄 만한 수준이라고 생각한다.

・전파자/인식 – 지속 가능성과 지역사회 활성화 프로그램: 스위트그린은 진짜 음식의 미래를 지킨다는 약속을 지키고 있다. 포장재는 100퍼센트 식물 기반의 퇴비화한 재료를 사용한다. 또한 식물 줄기나 겉잎사귀처럼 음식 준비 과정에서 버려지는 대부분 재료로 'wastED(버려진) 샐러드'를 만들었다.

아울러 스위트그린은 '사람들을 진짜 음식과 연결하여 공동체의 건강을 증진한다'는 사명을 지지하기 위해 지역사회 프로그램을 시작했다. 학교를 위한 프로그램에서는 현지 학교의 학생들에게 영양, 운동, 지속 가능성의 중요성을 가르친다. 2011~2016년에는 무료 콘서트를 열어 인기를 얻은 스위트라이프 페스티벌Sweetlife Festival을 열었으며 식료품 판매의 수익금을 학교 프로그램에 사용하고 있다. 이밖에 솔사이클Soul Cycle과 같은 기업과 제휴하여 사이클링 수업 후 무료 샐러드와 시식 세션을 진행하는 현지 행사를 주최하고 있다.

이러한 여러 운동을 추진한 결과, 사람들을 진짜 음식과 연결한다는 회사의 어젠다를 믿고 지지해주는 추종자들이 생겼다. CNBC는 "[2019년] 창립 12주년을 맞은 스위트그린은 '간편하게 제철 건강식'을 만든다는 브랜드의 정신을 절대적으로 지지하는 충성도 높은 고객들을 확보했다"라고 전했다. 100만 명 이상의 고객이 스위트그린의 앱을 다운로드했으며 이 앱을 통해 대부분 음식을 주문한다.

스위트그린은 열정적인 고객들 사이에서 숭배의 대상이 되었다. "[스위트그린은] '음식의 대중화'라는 문구를 자주 사용한다. 식료품 분야에서 찾아보기 힘든 독특한 표현이다"라고 식당 컨설턴트인 저지 그레이엄Judge Graham이 《이터리Eatery》에 말했다.

"단순한 패스트푸드 장소가 아닌 사회, 정치, 문화 브랜드에 가까운 입지를 구축했다."

'음식의 대중화'라는 문구에 초월기업의 '제품 선발' 개념과 전통주의 기업의 '제품 선택' 접근 방법의 차이가 함축적으로 담겨 있다는 점을 주목해야 한다.

창업 13주년을 맞은 2020년 현재 스위트그린은 미국의 8개 주에서 90곳이 넘는 매장을 운영하고 있으며 매출은 3억 달러 이상이다. 회사 가치는 16억 달러가 넘고 '샐러드 업계의 스타벅스'라고 불린다. 1년 전 스위트그린의 투자자이자 억만장자인 스티브 케이스Steve Case

는 CNBC에 나와 "스타벅스 매장이 몇 개 없던 25년 전에 이 회사가 전 세계적 현상이 된다고 말한다면 누구도 믿지 않았을 것이다. 하지만 그 일은 일어났다. 오늘날 스타벅스의 시가총액은 900억 달러에 육박한다. '스위트그린에서도 그런 일이 일어날 것'"이라고 말했다.

10장에서는 어떻게 **승리하는 캠페인 어젠다**를 전달하는지 살펴볼 것이다.

· 어젠다를 장악하라

두 번째 어젠다 기준은 장악 가능성이다. 정치인들과 마찬가지로 최고의 초월기업은 캠페인 어젠다를 장악한다. 그 어젠다를 믿고, 전달하고, 그에 따라 행동을 하고, 받아들인다.

· 성공적인 기업은 사명을 따른다

가장 성공적인 기업과 전문가들은 사명을 따른다. 더 중요한 목표를 위해 캠페인 어젠다를 추진하는 데 열정적이다. 예를 들어 스위트그린은 사람들을 진짜 음식과 연결한다는 캠페인 어젠다를 장악하고 실천했다. 이 회사는 현지 농민들에게 천연 재료를 공급받고 사용하기 쉬운 주문 앱을 제공하며 고객이 샐러드 재료를 재배한 농가를 추적할 수 있도록 고급 기술을 활용한다.

10

승리 가능성:
나이키

전통주의 기업 전문가는 "경쟁사의 어떤 행동이 나를 밤잠 설치게 하는가?"를 종종 자문하곤 한다. 이에 대해 나는 반대의 질문을 던진다. "당신은 어떻게 경쟁사의 밤잠을 설치게 할 수 있는가?"

초월기업의 지도자들은 이미 만들어진 시장에 진출하기보다 시장을 형성한다. 자신의 뜻(어젠다)을 시장에서 관철시키며, 반응하기보다는 주도적으로 움직여 경쟁사들이 반응하지 않을 수 없도록 만든다. 그 결과 초월기업의 리더들은 전통주의 기업의 전문가들보다 숙면을 취할 수 있다.

전통주의 기업은 많은 시장 조사를 실시하고 고객 포커스 그룹을 운영하며 대상을 세분화하고 메시지를 테스트하고 다시 테스트하는 등으로 메시지에 접근한다. 인터넷 시대 이전에는 이러한 접근 방식이 효과를 발휘했다. 하지만 정보 홍수 시대, 메시지 과잉 시대에 살고 있는 요즘, 초월기업 체계의 이해관계자들에게는 이러한 방식이 별 효과를 내지 않는다.

예를 들어 2016년 대선에서 힐러리 클린턴의 선거팀은 전통주의 방식의 '분석 마비'로 인해 애를 먹었다. 85개 슬로건을 폭넓게 조사했지만 결정적 효과를 내는 하나의 슬로건에 정착하지 못했다. 힐러리와 선거팀이 유망한 슬로건을 테스트하는 동안 경쟁자인 도널드 트럼프는 시장에서 한 번도 테스트되지 않은 '미국을 다시 위대하게'라는 슬로건을 외치고 또 외쳤다.

프로덕트플랜ProductPlan의 마케팅 부문 부사장인 안드레이 테우스Andre Theus는 '브렉시트에서 버니에 이르기까지 제품 관리자가 정치에서 배울 수 있는 교훈'이라는 글에서 다음과 같은 원칙을 분명하게 밝혔다.

> 좋아하거나 싫어하거나. 트럼프는 캠페인 관리자, 워싱턴의 전문가, 다른 전문가들이 정립한 거의 모든 정치 규칙을 어겼다. 그러고는 승리했다! 트럼프가 어긴 규칙 중에서 가장 중요하면서도 당선에 큰 역할을 한 것은 트럼프가 날마다 여론 조사 결과에 귀를 기울이고 대상에 따라 서로 다른 메시지를 전달하는 것을 거부한 것이다.
>
> 마찬가지로, 제품과 관련해서도 사용자와 구매자의 특징을 토대로 조언을 구하고 예상치를 조사하고 업종 분석 보고서를 읽고 이 모든 데이터를 활용

하여 사람들이 원하리라 판단되는 제품을 개발하는 덫에 빠지기가 쉽다. 당신은 리더이다. 다음 단계에 어떤 제품을 선보일지 알려면 자신의 특징, 시장, 제품의 해결 능력을 잘 파악해 고객보다도 더 유리한 위치에 서야 한다.

그렇다면 초월기업은 승리하는 캠페인 어젠다를 어떻게 생각해 내는가? 초월기업은 앞서 1단계에서 설명한 3가지 기법 중 하나를 사용하고 시장에 캠페인 어젠다를 알린다. 그러면서도 시장 조사, 고객 통계, 경쟁 관련 정보를 활용한다. 하지만 기존의 메시지 테스트를 사용해 캠페인 어젠다를 테스트하지는 않는다. 트럼프의 '미국을 다시 위대하게'는 선거 활동을 시작하기 전에 기존의 메시지 테스트를 거쳤다면 탈락했을지 모른다. 대다수의 유권자는 부동산 개발업자이자 리얼리티 프로그램 진행자가 내뱉는 거만한 메시지에 야유를 보냈을지도 모른다.

시장에 묻지 말고 무엇을 생각하고 어떻게 행동하며 어떤 조치를 취할지 시장에 알려라. 미국의 에이브러햄 링컨 전 대통령은 "미래를 예측할 수 있는 가장 좋은 방법은 미래를 만드는 것"이라고 말했다. 초월기업 지도자들은 시대를 앞서가기보다는 그 시대를 **만들어서** 미래에 대한 확신을 높인다. 기꺼이 다른 사람과 차별화하기 위해 독창적인 사고를 하고 행동에 옮긴다.

'Just Do It'의 시작과 생명력

이러한 접근법의 대표적인 사례가 나이키의 'Just Do It(그냥 해)' 캠페인 어젠다. 1987년 나이키는 운동용 신발 시장에서 리복Reebok에 밀려 크게 고전하고 있었다. 1987년에는 매출이 18퍼센트 하락했으며 이익은 40퍼센트 감소했다. 1970년대와 1980년대에 폭발적인 성장을 했지만 1987년에는 당대의 지배적인 현상으로 떠오른 리복에 시장 점유율의 상당 부분을 빼앗겼다. 절박했던 나이키는 브랜드 게임에 변화를 일으키고 회사를 탈바꿈시켜야 했다. 그 변화는 'Just Do It'이라는 세 단어에서 시작되었다.

1987년 와이든+케네디Wieden+Kennedy 광고 대행사의 댄 와이든 대표는 나이키 최초의 텔레비전 광고 캠페인 개발을 이끌어달라는 의뢰를 받았다. 《디진DeZeen》과 《크리에이티브 리뷰Creative Review》를 통해 와이든은 다음과 같이 설명했다.

> 많은 돈을 들여 첫 텔레비전 캠페인을 만들었다. 30초 분량의 서로 다른 다섯 편을 제작했다. 전날이 되자 약간 걱정이 들었다. 5개 팀에서 개별적으로 작업을 하다 보니 전체를 아우르는 느낌이 없었다. 각 크리에이티브팀에서는 서로 전혀 다른 결과물을 내놨다. 가장 기량이 뛰어난 운동선수부터 아침에 산책하는 사람에게까지 전달되도록 전체적으로 통일성 있는 태그라인이 필요하다고 느꼈다. 밤새 고민하면서 네다섯 개의 아이디어를 떠올렸다. 거

기에서 다시 좁혀나간 결과 마지막으로 탄생한 문구가 'Just Do It'이었다.

와이든은 대행사의 모두가 그런 문구가 필요한지에 대해 의문을 제기했다고

말하며 이렇게 덧붙였다.

"나이키에서도 문제 제기를 했을 때 나는 '태그라인이 없다면 어느 한 곳으

로도 모이지 않는 이질적인 광고가 지나치게 산발적으로 진행된다고 생각해

요. 반드시 그렇게 해야 할 필요는 없으니 다음번에 없애도 됩니다'라고 했어

요. 많은 사람이 반신반의했지만 더 이상 이의제기를 하지 않았죠."

여러 다양한 광고와 메시지를 하나로 묶어주는 포괄적인 캠페인

어젠다의 필요성을 인식한 것은 와이든의 공이 크다. 나이키는 일반

적인 광고 대상인 프로 선수와 아마추어 선수 외에 '아침에 산책하는'

사람들을 비롯한 모두를 아울러야 한다는 것을 깨달았다. 나이키는

경쟁 카테고리화를 사용해 누구나 운동하거나 '그냥 해'보는 새로운

활동 영역을 만들었다. 사실 1988년 '그냥 해'가 등장한 첫 광고의 주

인공은 샌프란시스코의 80세 마라토너인 월트 스택Walt Stack이었다.

나이키는 단순히 고객에게 운동용 신발이나 티셔츠를 사라고 요

구하지 않았다. 새롭고 대담한 정신을 믿어보라고 격려했을 뿐이다.

나이키는 광고, 게시판, 인쇄매체, 그라피티 예술, 상품 등 다양한 대

중매체를 통해 'Just Do It' 캠페인을 벌였다.

이 캠페인에 고객은 압도적으로 긍정적인 반응을 보였다. 나이키

에 전화와 편지가 쇄도했고 특히 상품 구매가 급증했다. 1988~1998

년에 이 캠페인 덕분에 북미 스포츠 신발 부문에서 나이키의 시장 점유율은 18퍼센트에서 43퍼센트까지 뛰었으며 전 세계 매출은 8억 7,700만 달러에서 92억 달러로 증가했다. 나이키는 스포츠 신발이라는 게임의 판도를 완전히 변화시켰고 리복을 추월한 이후 다시는 선두 자리를 빼앗기지 않았다.

몽고메리 증권의 앨리스 루스Alice Ruth 금융 애널리스트는 1988년 'Just Do It' 캠페인을 시작한 이후 "나이키에 순탄한 길이 이어졌다. 고객 수요와 소매점의 신뢰 측면에서 선두를 지켰다. 현재 소매업체 사이에서 유행하는 한 단어는 바로 '나이키'다"라고 말했다.

초월기업 캠페인은 기업과 제품에 관심을 집중시켜 입소문을 만든다. 이 과정에서 시장의 주도권을 잡고 경쟁자로부터 입소문과 점유율을 모두 빼앗는다. 반면에 당시 리복의 광고는 초점이 없고 불분명하다는 비판을 받았다. "[리복의] 광고 메시지는 나이키와 같은 일관성이 없었다"라고 업계 전문지인 《스포츠 스타일》의 더스티 키드 기자는 말했다.

특히 캠페인이 나이키의 직원들에게 다시 활력을 불어넣고 동기 부여를 했다는 점이 인상적이다. 나이키와 스타벅스에서 마케팅 임원을 지내고 브랜드 프레임워크 부문을 대표한 제롬 콘론Jerome Conlon은 "'Just Do It'과 같은 캠페인은 이루기가 쉽지 않지만 노력할 만한 가치가 분명히 있다. 회사 내부의 문화에도 활력을 불어넣는 고무적이고 영감을 주는 부분이 있다"라고 말했다. 2015년 그는 이 캠페인이 중요한 전환점이었다고 밝혔다.

"'Just Do It' 캠페인을 실시한 이후 나이키 브랜드의 판매가 회복되었고 이후 10년 동안 1천 퍼센트 증가했습니다."

《캠페인 매거진》은 'Just Do It'이 "20세기 최고의 태그라인일 것"이라면서 "연령대와 계층을 뛰어넘어 공감을 얻고 나이키를 성공과 연결시켰으며 고객에게 제품을 착용하는 것만으로 성공할 수 있다는 믿음을 주었다. 또한 이 캠페인 문구는 선수 공동체에서도 큰 반향을 불러일으켰고 스포츠와 거의 관련이 없는 사람들에게도 울림을 줬다. 모든 위대한 태그라인이 그렇듯 간단하면서도 기억하기 쉬웠다. 문자적인 의미 이상으로 호소하는 부분도 있었기 때문에 사람들은 **자신이 원하는 대로 메시지를 해석했다**"라고 말했다.

애플이 1997년 '다름을 생각한다'는 캠페인을 성공적으로 실시한 직후 스티브 잡스 CEO는 나이키 캠페인에 경의를 표했다.

"지구상의 모든 사람이 누가 무엇을 '일단 해야' 하는지 말할 수 있습니다. 나이키에는 메시지가 있습니다. 그 메시지는 신발이 아닌 선수와 성공에 대한 것입니다. 우리는 그 점을 기억합니다."

나이키는 오늘날까지도 많은 광고와 브랜딩에 이 태그라인을 사용한다. 나이키의 글로벌 브랜드 마케팅 부문 부사장인 데이비드 그라소David Grasso는 2010년 "'Just Do It'은 오늘날 브랜드에 23년 전과 마찬가지로 중요하다"라고 말했다.

"사실 우리는 슬로건을 믿지 않습니다. 그 대신 사람들이 우리가 믿고 우리가 지지하는 신념에 동참하도록 초대하는 것이 가장 효과적이라는 사실을 깨달았습니다. 나이키는 선수들을 돕고 존중하는 것을 지지합니다. 지난 20년과 앞으로도 'Just Do It'이 그토록 큰 영향을 미치는 이유가 여기에 있다고 생각합니다. 진정성이 있으며 나이키의 핵심 사명을 알려줍니다."

나이키는 고객이 어젠다를 그저 구매하는 데 그치지 않고 **신뢰하기를** 원한다.

전통주의 기업과 광고 대행사 전문가들은 끊임없이 브랜드 메시지를 바꾸지만 초월기업 전문가들은 'Just Do It'과 같이 오랜 세월 건재한 하나의 성공적인 캠페인 어젠다를 만든 다음 전달한다. 나이키는 30년 동안 'Just Do It' 캠페인 어젠다를 사용해왔다. 현재 나이키는 연간 매출이 400억 이상으로 최대 경쟁자인 아디다스보다 무려 35퍼센트 많아 전 세계 스포츠 의류 시장에서 지배적 입지를 구축했다.

많은 기업이 어젠다를 미리 테스트하는 시장 조사를 하지 않는 상황에서 초월기업은 어떻게 승리할 수 있는 어젠다를 갖추고 있는지 알 수 있을까? 승리 가능성이 높은 어젠다인지 아닌지를 어떻게 판단하는지 7가지 기준을 소개한다(대체로 시간 순서로 정리).

1. 직원들이 어젠다에 공감하고 활력을 얻으며 어젠다를 중심으로 결집하는가?
2. 어젠다가 미디어와 업계 전문가, 시장의 다른 중요한 인플루언

서에게 많이 언급되는 등 입소문을 일으키는가?

3. 어젠다를 다른 사람들에게 설득하는 전파자들의 운동이 일어나는가?

4. 회사나 브랜드 이름으로 어젠다를 검색하면 많은 검색 결과가 표시되는가?

5. 고객이 기업의 제품을 구매할뿐더러 어젠다를 신뢰하는가?

6. 경쟁사가 대응하는 메시지를 내놓거나 다른 조치를 취하는가?

7. 기업이 시장 점유율, 매출, 이익, 기타 성공 지표 측면에서 경쟁사를 뛰어넘을 수 있도록 어젠다가 의미 있는 도움을 주는가?

나이키의 'Just Do It' 캠페인 어젠다는 이 모든 체크리스트에 해당한다. 예를 들어 'Just Do It'과 '나이키'를 구글에 검색하면 386만 개의 검색 결과가 표시된다. 믿을 수 없을 정도로 많이 언급된 것이다.

11장에서는 또 다른 상징적인 초월기업인 아마존이 '고객 집착'이라는 캠페인 어젠다를 지지하고 이에 부합하기 위해 모든 방안을 강구하는 과정을 설명할 것이다.

· 시장에 묻지 마라

시장에 묻지 말고 무엇을 생각하고 어떻게 행동하며 어떤 조치를 취할지 시장에 알려야 한다. 승리하는 리더들은 자신의 뜻(어젠다)을 시장에서 관철시킨다. 그리고 경쟁자들이 반응하지 않을 수 없도록 만든다. 초월기업의 리더들은 시장 조사 데이터에 굴복하지 않는다. 독창적인 사고를 하고 도발적인 아이디어를 기꺼이 감행하는 실행력이 있다. 시대를 앞서가기보다는 시대를 직접 연다.

· 어젠다를 판별하는 기준 7가지

승리하는 캠페인 어젠다를 판별하는 7가지 기준이 있다. 직원, 고객, 기타 이해관계자들에게 활력을 불어넣고 미디어와 전문가, 기타 인플루언서에게 입소문이 나고 자주 언급된다. 전파자들의 운동을 유도하고 어젠다와 연관된 검색 결과가 많이 표시되며 고객이 기업의 제품을 구매할 뿐만 아니라 신뢰하도록 만들고 경쟁자가 대응하도록 이끈다. 시장 점유율과 제품 판매가 크게 증가한다.

11

일치 가능성:
아마존

캠페인 어젠다를 전달하는 네 번째 방식은 기업의 모든 말과 행동을 어젠다에 일치시키는 것이다. 승리를 거두는 핵심은 어젠다를 수립하는 것이기 때문에 모든 전달, 전략, 행동, 활동, 조치가 캠페인 어젠다를 지지하고 그에 부합하는 것이 중요하다.

모든 요소를 어젠다와 일치시킨 아마존

1994년 제프 베이조스는 아마존을 설립했다. 설립 당시에는 '고객이 온라인에서 구매하기를 원하는 모든 것을 찾을 수 있으며 고객에게 가능한 한 최저가로 제공하는 지구에서 가장 고객 중심적인 기업이 되는 것'을 꿈꾸는 온라인 서점이었다. 처음부터 아마존은 세계 최대의 가상 창고에서 책을 구매한다는 전례 없는 접근 기회를 제공했다. 베이조스는 설명했다.

"전 세계에 인쇄되어 팔리는 책이 수백만 권인데 물리적으로 규모가 가장 큰 서점이라도 10~15만 권밖에 수용하지 못합니다. 인터넷에서는 이런 문제를 해결할 수 있어요. (…) 어떤 책은 사람들이 찾으려 해도 찾을 수가 없습니다. 아마존은 기본적으로 사람들이 찾기 어려운 책을 찾는 데 도움을 주고자 합니다."

초기에 투자자들은 베이조스가 제품 페이지에 부정적인 서평을 그대로 방치하는 점을 비판했다. 전통주의적 사고방식을 지니고 있던 이들은 "대체 어떤 기업이 웹사이트의 제품에 긍정적 메시지가 아닌 평가를 허용한다는 말인가?"라고 따졌다. 그러면서 호의적이지 않은 리뷰로 인해 매출에 타격을 입을까 걱정했다. 베이조스는 아마존은 판매를 위해 책 사업을 하는 것이 아니라고 답했다. 고객이 최상의 구매 결정을 내리는 데 필요한 정보를 찾도록 도와주는 사업이라고 했다.

아마존에서 베이조스는 전통주의 기업의 오프라인 소매나 온라인 소매 브랜드 게임을 하지 않았다. 대신 자기 방식의 '고객 집착 Customer Obsession' 게임을 했다. 오직 아마존만 승리할 수 있는 게임이었다.

베이조스는 1997년 주주 서한에서 '고객 집착'이라는 캠페인 어젠다를 공개적으로 언급했다.

> **고객에 대한 집착:** 처음부터 아마존은 고객에게 매력적인 가치를 제공하는
> 데 중점을 뒀습니다. (…) 고객이 다른 방법으로는 얻을 수 없는 가치를 제공
> 하고자 책 서비스를 시작했습니다. 오프라인 서점에 구비할 수 있는 것보다
> 훨씬 다양한 제품을 갖췄으며(아마존 매장은 축구장 6개 규모입니다) 유용
> 하고 검색하기 쉬우며 24시간 365일 열려 있는 매장에서 탐색하기 편리한
> 형식으로 서비스를 제공합니다. 아마존은 고객의 쇼핑 경험을 향상하기 위
> 해 끈질긴 노력을 기울이고 있으며 1997년에는 매장을 대대적으로 개선했습
> 니다. 현재 고객에게 상품권, 원클릭 쇼핑, 방대한 리뷰, 콘텐츠, 탐색 옵션,
> 추천 기능을 제공하고 있습니다. 또한 가격을 크게 낮춰서 고객 가치를 높였
> 습니다.

초창기부터 베이조스는 고객에게 책을 특별하고 편리하게 이용
할 수 있는 수단을 제공하는 데 집착했다. 아마존이 다른 많은 제품
군으로 사업을 확장했지만 고객이 책을 이용하는 방식에는 지금도
변함이 없다.

- 접근성: 대부분의 책을 온라인으로 서비스(약 5천만 권에 달하며 목록
은 계속 증가 중)
- 리뷰 활용: 비평가와 사용자의 리뷰

- 형식 선택: 양장본, 문고본, e북(킨들 이용), 오디오북
- 가치 접근: 형식별로 서로 다른 가격 책정
- 간편한 이용: '원클릭' 주문, 알렉사 기기를 통한 주문
- 배송 활용: 아마존 프라임 프로그램(동일, 1~2일 무료 배송), 킨들 앱에 즉시 다운로드, 제3자 배송
- 반품 활용: 손쉬운 반품 가능

2019년 《복스Vox》에 제이슨 델 레이Jason Del Rey가 게재한 기사에 따르면 2004년 가을 아마존은 주로 책과 동영상을 판매했으며 판매 규모는 당시 온라인 판매 경쟁자였던 이베이의 절반 수준이었다. 아마존은 '슈퍼 세이버 배송Super Saver Shipping' 서비스를 제공했는데 이 서비스를 이용하려면 25달러의 프리미엄 구매를 하고 8~10영업일 내에 배송된다는 점에 동의하면 된다.

원래 아마존 프라임 프로그램은 고객 서비스에 대한 베이조스의 집착에서 탄생했다. 2004년 10월 베이조스는 팀에 "슈퍼 세이버 배송의 효과가 정말 좋은 것 같다. 보다 빠르게 배송할 수 있는 더 나은 아이디어를 낼 수 있는가?"라고 주문했다. 이 질문으로부터 코드명 '퓨처라마Futurama'라는 은밀한 프로젝트가 진행되었다. 베이조스는 프로젝트 상황을 논의하기 위해 토요일 오전에 급히 팀원들을 자신의 보트 창고로 부르기도 했다. 당시 아마존에서 주문 담당 이사였던 비제이 라빈드란Vijay Ravindran은 베이조스가 "최고의 고객들 주변

에 해자垓子를 두를 생각이다. 아마존에서 구매할 때와 다른 곳에서 구매할 때의 가격 차이에 사람들이 신경 쓰지 않도록 사고방식을 바꿀 것"이라고 전했다. 라빈드란은 "그 말에 사고방식이 완전히 바뀌었다고 생각한다. 탁월한 아이디어 덕분에 아마존이 고객의 기본 쇼핑 장소가 되었다"라고 덧붙였다.

2005년 아마존의 4분기 실적 발표에서 베이조스는 '아마존 프라임'의 출시를 발표했다. 연간 79달러의 구독료를 지불하면 1~2일 이내에 어떤 물품이든 무료 배송되는 서비스다. 처음에는 이 프로그램으로 손실이 났지만 고객의 반응은 뜨거웠다. 프라임 회원들은 비회원과 비교해 아마존 제품에 7배 많은 시간을 사용했다. 15년 뒤인 2020년 4분기 실적 발표에서 베이조스는 아마존 프라임 회원이 18개국에서 1억 5천만 명을 돌파했다고 밝혔다. 다음 날 아마존의 시가총액은 사상 처음으로 1조 달러를 기록하여 역사상 네 번째로 대기록을 달성한 회사가 되었다.

15년 동안 아마존은 프라임 프로그램을 크게 확대했다. 일부 지역에는 당일 배송 서비스까지 제공한다. 아마존에서 제작한 오리지널 영화와 프로그램을 이용할 수 있는 프라임 비디오, 200만 곡 이상을 감상할 수 있는 아마존 뮤직, 트위치 프라임 비디오 게임, 전 세계 50개가 넘는 도시에서 (아마존 프레시와 홀푸드 마켓에서 구매한) 식료품, 약품, 반려동물 관련 제품을 2시간 이내에 집까지 배송하는 프라임 나우 서비스 등을 운영하고 있다.

델 레이 기자는 아마존 프라임이 "인터넷에서 가장 성공적이고 파괴적 영향을 미친 멤버십 프로그램"이라면서 아마존 프라임의 도입으로 "아마존이 온라인 쇼핑의 편리함에 대한 기준을 영구적으로 높였다"라고 평가했다.

아마존 프라임 서비스는 아마존의 리더십을 보여주는 탁월하고 혁신적인 시도였다. 언제나 그렇듯 경쟁자들이 반응하고 결국에는 아마존만 승리하는 고객 집착 게임을 따라 할 수밖에 없는 상황이 되었다. 아마존은 아마존 프라임 항공 배송 드론으로 아마존 프라임의 성공을 재현하겠다는 계획을 발표했다.

오른쪽 표는 아마존의 강령을 요약한 것이다.

흥미롭게도 보통 아마존은 베이조스가 이해관계자와 소통하거나 기업 간 인터뷰 등에서 밝히는 경우가 아니라면 캠페인 어젠다를 공개적으로 알리지 않는다. 스타벅스처럼 아마존도 어젠다를 고객에게 **암묵적으로** 표현한다.

아마존의 캠페인 어젠다, 포지셔닝, 경쟁력 강화 조치에는 모두 **고객 집착, 고객 중심적, 고객 참여** 등 '고객'이라는 단어가 포함된다. 제품 포지셔닝과 경쟁력 강화 조치가 캠페인 어젠다와 동일한 단어를 반복하는 경우를 '삼중 일치'라고 할 수 있다. 캠페인 어젠다를 뒷받침하고 승리할 수 있는 강력한 방법이다. 삼중 일치는 모든 소통과 행동이 캠페인 어젠다와 일치되도록 만든다.

예를 들어 독일 아마존의 소모품 담당 플로리안 바움가르트너 이

캠페인 어젠다 '게임'(5단어 이내)	**고객 집착**
캠페인 C-메시지 캠페인을 추진하기 위한 간결한 메시지 (최대 3개)	• "지금까지 아마존을 1등 기업으로 만든 것은 고객에게 집중한 강박적인 집착이 다." • "고객을 파티에 초청된 손님으로 생각하 며 우리는 주최자다. 날마다 고객 경험을 개선해나가는 것이 우리의 임무다." • "아마존의 사명은 지구에서 가장 고객 중심적인 기업이 되는 것이다."
캠페인 후보 캠페인 어젠다에 가장 적합한 회사 또는 브랜드	**아마존**
후보 포지셔닝 이해관계자의 마음에 후보자를 떠올리게 하는 개념(5단어 이내)	**지구에서 가장 고객 중심적인 기업**
경쟁력 강화 조치	성과 지표의 80% '고객 참여'
경쟁자 포지셔닝 주요 이해관계자들의 마음에 경쟁자에 대 한 인식 형성하기(5단어 미만)	경쟁사: 고객에 집착하지 않는 기업

사는 회사 내에서 아마존의 어젠다 일치에 대해 설명했다.

"아마존은 끊임없이 고객에 집중하는 기업입니다. 고객은 언제나 더 나은 것을 원하고 우리는 고객에게 만족을 주기를 원하지요. 따라서 고객을 위해 혁신을 하는 것입니다. 아마존에서는 모든 행동, 목표, 프로젝트, 프로그램, 변화가 고객을 염두에 두고 시작되고 끝을

맺습니다.”

베이조스가 대화를 하면서 고객 집착이라는 어젠다를 먼저 제시하고 그다음에 “지구에서 가장 고객 중심적인 기업”이라는 기업 포지셔닝으로 부연했다는 점에 주목해야 한다. 베이조스는 말만 번지르르하게 하는 것이 아니라 실제 행동으로 보여준다. 아마존에서 하는 모든 일의 중심에는 ‘고객’이 있다. 예를 들어 아마존 채용 페이지에는 아마존 ‘리더십 원칙’의 1번으로 고객 집착이 나와 있다.

> “리더는 고객을 먼저 생각한 다음 순서를 파괴한다. 고객의 신뢰를 얻고 유
> 지하기 위해 열정적으로 일한다. 리더는 경쟁자에게 관심을 기울이지 않더
> 라도 고객에게는 집착한다.”

모든 직원과 파트너가 회사의 고객 집착 어젠다에서 벗어나지 않도록 베이조스는 성과 측정의 80퍼센트를 ‘고객 참여’를 토대로 하는 체계를 운영한다. 예를 들어 아마존은 고객을 위한 아마존의 높은 기대치를 충족하거나 넘어서도록 전문 판매 파트너의 고객 참여 지표를 만들었다. 아마존에서는 주문 처리 결함률Order Defect Rate, ‘ODR’, 구매자-판매자 평점, 배송 지연율 등 다양한 고객 참여 지표를 기준으로 판매 파트너의 업무를 평가한다. 제품 배송 상태 나쁨, 부정적 의견 비율, 신용카드 거래 취소 등 부정적인 판매자 의견을 받은 고객 주문은 아마존에서 ‘결함’으로 분류되며 판매자의 ODR 점수에 반영

된다. 아마존은 ODR 지표에 대해 1퍼센트 미만은 실패로 분류해 엄격하게 관리한다. 그리고 판매자의 전반적 점수를 토대로 판매 파트너를 선택하거나 배제한다.

아마존은 베이조스의 고객 집착 어젠다를 다양한 제품 유형에서 효과적으로 실행했다. 그 결과 2015년 월마트를 제치고 세계 최대의 가치를 지닌 소매업체가 되었다. 이듬해에 베이조스는 아마존의 고객 만족에 대한 열정을 재확인했고, 2016년 아마존 주주 서한에서는 '고객 집착'이라는 캠페인 어젠다를 다시금 언급했다.

진정한 고객 집착: 어디에 비즈니스의 초점을 둘지는 회사마다 다양합니다. 경쟁사에 초점을 둘 수도 있고 제품, 기술, 비즈니스 모델 등에 초점을 맞출 수도 있습니다. 하지만 제가 보기에 집착에 가까울 정도로 고객에게 초점을 두는 것이야말로 가장 중요합니다. 왜일까요? 고객 중심의 접근 방식에는 이점이 많지만 특별히 큰 이점이 하나 있습니다. 바로 고객은 늘 만족하지 못하는 멋지고도 경이로운 존재라는 점입니다. 심지어 고객이 행복하다고 느끼고 기업이 번창한 순간에도 그렇습니다. 아직 알아차리지 못하는 상황에서도 고객은 언제나 더 나은 것을 원합니다. 고객에게 만족을 선사하겠다는 열망은 고객을 대신하여 혁신을 이루게 합니다. 고객에 집착하는 문화는 모든 일이 일어날 수 있는 환경을 조성합니다.

렉시스클릭LexisClick의 스티븐 배비스터 마케팅 컨설턴트는 고객 집착에 대해 폭넓은 저술 활동을 해왔는데 다음과 같이 말했다.

"지난 12개월 동안 '고객 집착'을 면밀하게 조사했는데 매 순간 등장하는 하나의 조직이 있었으니, 바로 아마존입니다. 아마존의 성공 요인은 여러 곳에서 찾을 수 있겠지만 제프 베이조스는 고객 집착을 최우선순위에 두었습니다."

아마존이 설립된 지 20년을 넘긴 2019년 베이조스는 "지금까지 아마존을 성공으로 이끈 첫 번째 요인은 고객에게 집중한 강박적인 집착이다"라고 강조했다.

· 자신만의 게임을 만든 아마존

아마존의 제프 베이조스 CEO는 전통주의 소매업체나 온라인 소매 브랜드 게임을 하지 않았다. 그는 '고객 집착'이라는 자신만의 게임을 만들었다. 오로지 아마존만 승리할 수 있는 게임이다.

· 모든 것이 어젠다와 일치해야 한다

캠페인 어젠다를 전달하는 네 번째 방법은 기업의 모든 말과 행동을 어젠다와 일치시키는 것이다. 예를 들어 아마존의 사실상 모든 조치는 '고객 집착' 어젠다와 일치한다. 모든 전달, 전략, 행동, 활동, 성과 지표의 중심에 고객이 있다.

· 세상에서 가장 고객 중심적인 기업이 된 이유

이 같은 집중은 아마존의 직원과 파트너가 아마존의 포지셔닝인 '지구에서 가장 고객 중심적인 기업'에 부합하도록 만든다. 예를 들어 아마존 직원의 리더십 원칙 1번은 '고객 집착'이다. 파트너에게 요구되는 성과 지표의 대다수는 고객에게 초점을 둔다.

· 어젠다에서 파괴적 시도가 나온다

아마존 프라임은 아마존의 리더십을 보여주고 경쟁자가 반응하며
결국에는 아마존의 고객 집착 게임을 따라갈 수밖에 없도록 만드는
진정으로 초월적이고 파괴적인 시도였다.

어젠다 옹호

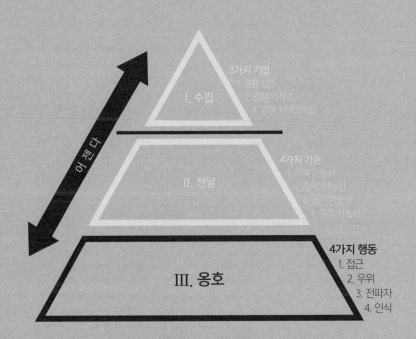

△
12

접근:
구글, 자라

전통주의 기업의 마케팅 담당자들은 이른바 '마케팅 믹스'라고 하는 '4P', 즉 제품(재화나 서비스), 가격(소비자가 지불하는 금액), 유통경로(제품을 마케팅하는 장소), 촉진(마케팅 전략)에 대해 잘 알고 있다. 이 개념은 1940년대 처음 정립되었다. 나중에 E. 제롬 매카시E. Jerome McCarthy 가 1960년에 펴낸 『기초 마케팅: 관리 접근법Basic Marketing: A Managerial Approach』에서 정리했다. 이 전통주의 기업의 도구는 지난 60년간 마케팅 계획을 세우는 데 토대가 되었다.

인터넷은 이러한 기존 접근 방식을 돌아보게 했다. 초월기업 체계에서는 강령과 일치되고 뒷받침하는 **접근, 우위, 전파자, 인식**이라는 '4A'가 중요하다. 앞으로 4개 장에서는 접근을 시작으로 각 A에 대해 차례로 살펴보겠다.

초월기업 체계의 접근에는 **제한**과 **무제한**이라는 2가지 유형이 있다. 예를 들어 인터넷으로 인해 정보뿐만 아니라 수많은 제품, 서비스, 혜택, 기술 등에 대해 사실상 무제한 접근이 가능해졌다.

- 책: 아마존
- 음악: 애플 아이튠즈
- 별장: 에어비앤비 렌털
- 차량 공유 서비스: 우버, 리프트
- 영화/TV 프로그램: 넷플릭스

인터넷의 출현으로 책뿐만 아니라 수없이 많은 제품과 서비스의 접근성, 사용 가능성, 가격 합리성이 높아졌다. 이러한 제품에 접근하는 데 일반적으로 비용이 많이 들지 않으며 큰 가치를 제공한다. 전통주의 기업 체계에서는 가격이 중요한 요소로서 4P에 포함되었다. 하지만 초월기업 체계에서는 다면적 가치를 지닌 접근이 가격보다 훨씬 중요하다.

예를 들어 고객이 스타벅스에서 상대적으로 비싼 에스프레소를 살 때 단순히 커피 한 잔에 대한 가격을 지불하는 것이 아니다. 앉아서 업무를 준비하거나 퇴근길에 긴장을 풀 편안한 장소, 친구를 만날 수 있는 안락한 환경, 아늑한 소파, 무료 와이파이, 기분 좋은 음악을 누릴 수 있는 편안한 '거실', 청결한 화장실 설비를 갖춘 훨씬 더 가치 있는 공간에 **접근**하는 것이다.

　마찬가지로 수백만 사용자가 500~1,000달러라는 상대적으로 비싼 가격에도 기꺼이 애플의 아이폰을 구매하려고 한다. 단순한 휴대전화를 뛰어넘는 다른 가치가 있기 때문이다. 아이폰은 수십만 개의 애플리케이션을 통해 무제한에 가까운 가치를 제공한다.

　인터넷으로 인해 가치 방정식에서 시간을 절약하고 번거로움을 더는 것이 점점 더 중요한 부분을 차지하고 있다. 펠로톤 홈 트레이닝 자전거에 2,500달러를 기꺼이 지불하려는 사이클 애호가들이 소수이긴 하지만 분명히 존재한다. 집에서 자전거에 접근할 수 있고 전문가 수준의 사이클 장비를 탑재했으며 사생활을 지켜주고 사이클링 스튜디오로 이동할 필요가 없어 시간을 절약하게 하는 등 추가적인 가치를 제공하기 때문이다. 또한 펠로톤 사용자들은 수천 개의 실시간/녹화 그룹 강습, 경쟁을 벌일 수 있는 '펠로톤 리더보드', 개인적인 사이클링 지표에 원격 접근하기 위해 월 구독료를 추가로 지불한다.

　인터넷 기반의 유료 구독 모델은 **제한된** 시간이나마 소비자가 더 많은 제품(예: 애플에서 다운로드한 음악, 넷플릭스에서 영화 스트리밍), 고급 서비스(예: 에어비앤비 별장, 렌트 더 런웨이의 디자이너 의류)에 접근할 수 있게 해준다.

전 세계 정보에 무료 접근을 지원하는 구글

접근을 활용하여 승리한 기업 하면 가장 먼저 구글이 떠오른다. 지구상 그 어떤 회사도 세상 사람들의 정보에 대한 접근성을 높이기 위해 구글과 같이 집중적인 노력을 기울인 경우는 없다. 『구글 스토리』의 저자 데이비드 바이스David A. Vise는 다음과 같이 설명했다.

> 500여 년 전 구텐베르크가 근대 인쇄술을 발명하여 대중이 과학 서적을 비롯한 다양하고 폭넓은 독서를 할 수 있게 된 이래, 구글만큼 인간의 능력과 정보 접근 방식을 혁신한 발명품은 없었다. 하얀 배경에 동화에서나 볼 수 있는 알록달록한 색깔의 로고, 그리고 매일 수억 건의 검색어를 빠르고 적절하게 처리하여 결과를 제공하는 마법과 같은 능력을 발휘하는 구글. 구글은 정보를 찾고 최신 뉴스를 접하는 방법 자체를 변화시켰다.

아이러니하게도 구글의 설립자들은 원래 회사를 만들 계획조차 없었다. 1990년대 말, 세르게이 브린Sergey Brin과 래리 페이지Larry Page라는 스탠퍼드 대학교 대학원생은 기존 검색 엔진의 품질에 불만이 많았다. 두 사람은 자기만족을 위해 힘을 합쳐 인터넷의 모든 정보를 정리하고 접근하는 더 나은 방법을 찾기 시작했다. 페이지는 단순히 검색 결과를 세는 대신 웹사이트 링크에 순위를 매겨 검색 결과에 우선순위를 부여하는 방법을 발견했다. 그러고는 이 방법에 '페이지랭크PageRank'라는 절묘한 이름을 붙였다. 두 사람은 이처럼 새로운 기술을 적용하여 훨씬 강력하고 정확한 검색 엔진을 구축했다.

1998년 두 사람은 "전 세계 정보를 체계화하여 누구나 유용하게 이용할 수 있도록 한다"라는 사명 아래 구글을 설립했다. 처음에는 검색 엔진 기술을 개선하여 온라인 정보에 대한 접근성을 높이는 작업에 매진했다. 2007년 구글은 웹사이트뿐 아니라 뉴스, 이미지, 동영상, 쇼핑, 지도, 금융, 예술, 문화 등 섹션별로 편리하게 검색할 수 있도록 발전시킨 '유니버설 검색Universal Search'을 선보였다.

하지만 오프라인 구글 프로젝트는 설립자들이 전 세계 정보에 대한 무료 액세스를 제공하기 위해 얼마나 노력을 기울였는지를 보여주었다. 브린과 페이지는 미시간 대학교, 스탠퍼드 대학교, 옥스퍼드 대학교, 하버드 대학교, 뉴욕 공립 도서관 등 전 세계적으로 명망 있고 규모가 큰 도서관에 비치된 책을 스캔했다. 이러한 책을 디지털화하면 사용자가 컴퓨터를 통해 인기 있는 책뿐만 아니라 멀리 떨어진 도서관에서 소장하고 있는 희귀한 고서에도 접근할 수 있게 된다.

미시간 대학교의 매리 조 콜먼 총장은 책 스캔과 관련한 협업을 발표하면서 "미시간 대학교와 구글의 협업은 우리의 사명을 이루는 데 도움이 되는 3가지 중요한 임무를 이룰 것이다. 책을 보존하고 전 세계 정보에 접근하며, 무엇보다 지식을 전파한다는 공공선에 기여하는 것이다"라고 밝혔다. 이 자리에서 콜먼 총장은 구글의 도서관 프로젝트를 언급하며 "지금까지 만나본 가장 혁신적인 기업"이라고 칭송했다.

실제로 구글은 인류가 축적한 지식에 접근할 수 있는 전 세계 최대 규모의 온라인 저장소이며 필적할 대상이 없다. 초월기업은 발전하는 제품이 아닌 **혁신적인** 제품을 만든다. 도서관 프로젝트는 래리 페이지의 개인적 신조인 '불가능에 대한 건전한 무시Healthy Disregard for the Impossible'를 잘 보여주는 사례다. 이러한 태도는 매우 높은 목표를 정하고 대부분 그 목표를 이뤄내는 초월기업에서 공통으로 나타난다.

당시 구글은 우표 크기의 소형 광고를 오른쪽에 배치하여 이익을 창출했으며, 광고는 세밀하게 설계된 검색 엔진과 분명하게 분리되었다. 그 결과 서적을 디지털화하는 과정에 속도를 내는 데 약 4억 달러를 투자할 수 있었다. 구글은 전 세계 2,500만 권 이상의 책을 스캔했다. 저작권과 기타 지적재산권 문제로 일부 책에는 전체 접근이 제한되지만, 전체 접근부터 스니펫(Snippet, 키워드에 대한 정보나 질문에 대한 대답을 보여주는 글-옮긴이)까지 다양한 수준의 접근이 가능하다.

도서관 프로젝트를 비롯한 구글의 행보는 이 회사가 전통주의 기업처럼 행동하지 않는다는 것을 잘 보여준다. 예를 들어 경쟁사인 야후와 달리 구글은 한 번도 홈페이지에 광고를 게재한 적이 없다. 구글의 홈페이지는 웹에서 가장 가치 있는 가상 부동산일 것이다. 구글이 광고 판매로 수익을 창출하긴 하지만 사용자와 관련이 있는 광고를 내보내기 위해 노력한다.

『구글 스토리』의 저자 바이스는 "구글은 단기간에 최대한 수익을

캠페인 어젠다 '게임'(5단어 이내)	세계 정보에 접근
캠페인 C-메시지 캠페인을 추진하기 위한 간결한 메시지 (최대 3개)	• "구글의 사명은 전 세계 정보를 체계화하여 누구나 유용하게 이용할 수 있도록 한다는 것이다." • "구글 검색으로 다양한 출처에서 광범위한 정보를 쉽게 찾을 수 있도록 만든 이유가 여기에 있다." • "전 세계 이용자에게 공정하고 정확한 방식으로 정보에 무료 접근할 수 있도록 만든다."
캠페인 후보 캠페인 어젠다에 가장 적합한 회사 또는 브랜드	구글
후보 포지셔닝 이해관계자의 마음에 후보자를 떠올리게 하는 개념(5단어 이내)	누구나 무료 정보에 접근

내려고 노력하지 않는다. [홈페이지에] 광고를 표시하지 않는 정책은 수백만 달러의 매출과 이익을 포기한다는 의미이지만 사용자는 훌륭한 검색 경험을 누릴 수 있다"라고 밝혔다. 구글은 광고를 추가하면 사용자에게 검색 결과가 제공되는 속도가 느려진다는 것을 알고 있으며 고객에게 **초월적인 경험**을 제공하기를 원한다. 바이스는 구글이 "사용자에게 최선의 이익을 제공하기 위해 높은 집중력을 발휘하며, 그러면 사용자는 최고의 지지자가 된다"라고 덧붙였다. 웹 정보

를 대중화한 구글은 누구나 무료로 유용하게 검색 정보를 빠르게 이용할 수 있도록 만든다는 사명을 지키기 위해 꾸준히 노력하고 있다.

2004년 처음으로 주주들에게 보낸 편지에서 구글 설립자들은 "구글은 기성 기업이 아니며, 그런 기업이 될 생각도 없습니다. 비상장 기업으로 발전을 거듭하는 동안 구글을 다른 방식으로 운영했습니다. 구글은 전 세계 이용자들에게 편향되지 않고 정확한 방식으로 정보에 무료 접근할 수 있는 방편을 제공합니다"라고 밝혔다. 구글은 전통주의 기업의 길을 간 적이 없다. 언제나 자기만의 길을 개척했으며 매우 성공적인 게임을 펼쳤다.

2가지 접근 방식으로 패스트 패션을 장악한 자라

일부 초월기업은 무제한 접근과 제한적 접근 방식을 모두 제공한다. 예를 들어 스페인 기반의 의류 소매업체인 자라ZARA는 기본적으로 패션과 가격에 민감한 청년들을 대상으로 한다. UK 에세이즈UK Essays의 시장 분석에 따르면 "자라는 매년 1만 종류의 디자인을 선보이며 희소성 가치를 살리기 위해 스타일별로 소량만을 생산한다. 고객은 정기적으로 매장을 방문하여 최신 디자인을 확인하고 즉시 구입할 수밖에 없다. 마음에 드는 스타일의 옷을 다음 날에도 살 수 있다는 보장이 없기 때문이다"라고 밝혔다.

216

사회심리학자들은 이러한 접근 방식을 '희소성 원칙'이라고 부른다. 수요가 많지만 공급이 적으면 더 가치 있게 보이는 것이다. 영국 기반의 패션 잡지 《TANK》의 마수드 골소키 기자는 "10월에 구찌나 샤넬 매장을 방문한다면 이듬해 2월에 다시 그곳에 가더라도 그 옷이 계속 매장에 있으리라는 것을 안다. 하지만 자라 매장에서는 그 옷을 그 자리에서 바로 사지 않으면 11일 이내에 전체 재고가 사라진다는 것을 의식해야 한다. 지금이 아니면 영원히 사지 못하는 것이다. 게다가 가격도 저렴하기 때문에 당장 사야만 한다"라고 설명했다.

1990년대 말부터 일부 소매업체에서 '패스트 패션Fast Fashion'을 선보였다. 이는 최신 트렌드를 즉각 반영하여 빠르게 제작, 유통시키는 의류를 말한다. 이른바 '패스트 패션' 게임에 변화를 일으키고 결국에는 장악한 기업이 자라였다. 2008년 루이비통의 패션 디렉터 대니얼 피에트는 자라에 대해 "전 세계에서 가장 혁신적인 소매업체일 것"이라고 평가했다.

1975년 스페인 갈리시아에서 설립된 자라의 사명은 '유행하는 아이템을 빠르고 저렴하게 공급'하는 것이다. 초월기업 관점에서는 자라의 캠페인 어젠다를 '패스트 패션'이라는 두 단어로 정리할 수 있다. 사실 '자라'라는 이름은 패스트 패션과 동의어로 자리매김했다.

자라는 제품 접근을 주로 활용하여 세계 최대의 의류 소매업체로 발돋움했다. 다음은 자라의 초월기업 접근 방식을 4A로 정리한 것이다.

・**우위**: 자라의 주된 경쟁력 우위는 우수한 공급망에 있다. 런웨이에 새로운 스타일이 등장하면 2주 안에 그 디자인을 매장에 소개하고 배포한다. 이것은 경쟁자들이 따라갈 수 없는 자라의 역량이다. 자라는 전 세계 매장 운영을 수직 및 수평으로 통합하여 제품 디자인, 생산, 배포를 스페인에서 자체적으로 처리한다. 이에 따라 해마다 1만 개의 의류 아이템을 출시할 수 있다. 경쟁사인 H&M과 Gap의 2,000~4,000개와 비교하면 현격하게 많다. 특히 자라는 TTM(Time-to-Market, 한 제품의 구상부터 시장 출시까지 걸리는 시간-옮긴이)과 재고 수준을 급격히 줄였다. 자라의 일반 매장에서는 재고를 H&M의 52일보다 짧은 단 6일만 보유하고 있다.

・**접근**: 해마다 수천 가지 의류 아이템을 내놓는 것 외에도 자라는 93개국에서 2천 개 매장을 운영하기에 접근성이 높다. 각 매장은 전략적으로 타깃 고객 근처에 위치한다. 또한 매장 상품과 연결된 온라인 쇼핑몰 39개를 운영한다. 예를 들어 고객의 매장 방문이 온라인에 연결되어 특정 장소에 구비되어 있지 않은 재고에 추가로 접근할 수 있도록 돕는다. 이와 더불어 증강 현실과 같은 기술을 사용해 고객의 소매 경험을 개선한다. 쇼핑객은 휴대전화에서 매장 센서나 증강 현실이 지원되는 진열장을 클릭하면 선택한 의류 품목을 착용한 모델을 확인할 수 있다. 패션기술대학교의 소매 전문가인 셸리 코한은 "고객이 매장을 통해 숨겨진 보물을 빠르고 효율적으로 탐색할수록

경험의 질이 높아지는데 자라는 이를 제대로 해낸다"라고 말했다.

또한 코한은 2018년 《포브스》 기사를 통해 "자라는 탁월한 제품 공급업체이면서도 고객이 매장을 방문하여 저렴한 가격에 유행을 따라잡아야 하는 이유를 끊임없이 만들어낸다"라고 밝혔다. 자라의 충성도 높은 고객은 일반적으로 연간 17회 매장을 방문하는데 경쟁 소매업체의 4회와 큰 차이를 보인다.

• 전파자/인식: 이처럼 의미 있는 소통을 거친 수많은 자라 고객은 최신 패션 제품에 대해 소문을 퍼뜨리고 회사의 제품을 개선시키는 전파자가 된다. 자라의 인스타그램 팔로워는 3천만 명이 넘으며 트위터는 약 1,400만 명, 중국 최대의 소셜미디어 앱인 위챗 팔로워는 180만 명에 달한다. 2016년 코한은 자라의 고객 서비스 담당자가 1,700만 건이 넘는 고객 질문에 답변한 것을 발견했다. 코한은 "자라는 고객의 의견을 제품과 서비스를 개선하는 데 가장 가치 있는 브랜드 자산이라고 생각하기 때문에 귀 기울여 듣고 반응한다. 그 결과 고객과 기업 간에 협력이 일어나고 고객은 **최고고객책임자 역할**을 맡아 사업 전반에 대한 의견을 제공한다"라고 분석했다. 고객과 긴밀한 관계를 이어가면서 자라는 실시간 의견을 수집하여 기업 운영 속도를 높이고 개선한다. 업계를 선도하는 패스트 패션이라는 캠페인 어젠다를 실천하는 또 다른 수단이다.

• 이제 4P가 아니라 4A이다

전통주의 기업의 마케팅 담당자는 마케팅의 4P, 즉 제품, 가격, 유통 경로, 촉진을 사용한다. 반면 초월기업에서는 강령을 뒷받침하기 위해 접근, 우위, 전파자, 인식이라는 4A를 활용한다.

• 제한 혹은 무제한 접근을 활용하라

제한적 접근과 무제한 제품 접근 방식을 제공하여 승리한다. 인터넷은 정보뿐 아니라 수많은 제품, 서비스, 혜택, 기술에 대한 무제한에 가까운 접근을 가능케 한다.

• 구글과 자라의 서로 다른 성공 방식

구글은 전 세계 정보를 무료로 제한 없이 접근할 수 있도록 도와주는 온라인 검색 엔진으로 시장을 선도하고 있다. 반면에 자라는 인터넷 기반 정보를 활용하여 의류에 신속하게 접근할 수 있는 방편을 제공하지만 대체로 한정적인 기간에만 접근을 허용하는 방식으로 전 세계 최대의 패스트 패션 소매업체가 되었다.

△
13

우위:
테슬라

선도적인 초월기업은 승리하는 캠페인에 다양한 경쟁우위를 갖춘 성공적 제품을 결합한다. 초월기업 체계의 두 번째 A인 '우위'를 가장 잘 보여주는 기업은 테슬라다. 2003년 마틴 에버하드Martin Eberhard 와 마크 타페닝Marc Tarpenning은 테슬라 모터스를 설립했다. 회사 이름 테슬라는 전력이 소비자에게 전달되는 방식인 현대적인 교류AC 발명에 기여한 발명가이자 전기 엔지니어인 니콜라 테슬라Nikola Tesla에서 유래했다.

2004년에 일론 머스크가 최대 주주이자 회장으로 테슬라 이사회에 합류했다. 머스크는 테슬라를 합리적인 가격의 전기 자동차를 모두에게 제공한다는 목표를 추구하는 기술 회사이자 독립 자동차 제조사로 구상했다. 그는 2008년 출시된 첫 번째 전기차 로드스터의

캠페인 어젠다 '게임'(5단어 이내)	지속 가능한 에너지로의 전 세계적 전환을 가속화
캠페인 C-메시지 캠페인을 추진하기 위한 간결한 메시지 (최대 3개)	• "도시에서 맑은 공기를 누리려면 전기차를 사용해야 합니다." • "테슬라는 전기 자동차 혁명을 위한 싸움을 계속 이어갈 것입니다." • "도로의 모든 차량이 전기차가 되는 날까지 멈추지 않겠습니다." ·
캠페인 후보 캠페인 어젠다에 가장 적합한 회사 또는 브랜드	테슬라
후보 포지셔닝 이해관계자의 마음에 후보자를 떠올리게 하는 개념(5단어 이내)	매력적인 전기차를 시장에 대량 공급

개발을 지원하는 등 제품 부문에서 적극적인 역할을 했다.

2008년 머스크는 테슬라의 CEO 겸 제품 설계자가 되었다. 2013년 그는 "우리의 목표는 10년 전 테슬라를 만들었을 때나 지금이나 같다. 매력적인 전기차를 시장에 대량 공급하여 지속 가능한 교통수단의 발전을 앞당기는 것이다"라고 밝혔다.

목표는 지금도 유효하다. 3년 전 머스크는 테슬라의 어젠다가 변화함에 따라 기업 사명을 수정했다. 테슬라가 배터리 스토리지와 태양에너지 시장에 진출한 것을 반영하여 새로운 사명을 '지속 가능한 에너지로의 전 세계적 전환을 가속화하는 것'으로 선언했다.

초월적 우위를 확보하려는 테슬라

일론 머스크는 "누군가가 획기적인 혁신을 이룰 때 그것은 거의 사소한 기술 하나인 경우는 없다. 아주 드물게 사소한 기술 하나로 혁신을 이룰 수는 있겠으나 대개 거대한 혁신은 대단히 많은 기술의 집합체다"라고 말했다. 승리하는 우위를 보여주는 사례로 테슬라를 선택한 이유는 이 회사가 자동차를 말 그대로 배터리부터 전체에 이르기까지 재창조했기 때문이다. 테슬라는 차량을 고유의 리튬 이온 배터리를 중심으로 설계하고 제작한다. 기존 연소 기관 자동차를 전기로 구동하는 방식으로 바꾸는 시도는 전통적인 자동차 제조업체는 할 수 없던 방식으로 차량을 재구상할 수 있도록 만들었다.

이 같은 장점을 "테슬라의 'S' 우위"라고 이름 붙였는데, 테슬라가 전기 자동차를 통해 다양한 경쟁력 우위를 확보하고 있다는 점에서 여러 우위를 소개한다.

- **절약**Saving: 캠페인 어젠다에 부합하게 테슬라의 전기차는 내연 기관 자동차와 비교해 석유 사용과 탄소 배출을 크게 줄인다. 매력적인 대량 판매 자동차를 공급하기 위해 초기에 테슬라는 모델3 세단

을 3만 5천 달러에 판매했다. 2021년에는 시작 가격이 3만 8,990달러로 상승했지만 여전히 미국의 다른 전기 자동차 평균 가격 대비 30퍼센트 저렴하다.

전 세계 여러 나라에서 테슬라 소유주는 구입 리베이트, 세금 감면, 세액 공제 등 플러그인 전기차를 구매할 때 다양한 정부 보조금을 받을 수 있다.

이와 더불어 현재 테슬라는 캘리포니아의 소유주에게 자동차 보험을 기존 자동차 보험 회사와 비교해 최대 20퍼센트(일부의 경우 최대 30퍼센트) 저렴하게 가입할 수 있다. 고급 기술을 활용하여 유지 관리와 서비스 기록 등 방대한 자동차 기록을 확보하고 있으므로 운전자에게 할인된 보험료를 제시할 수 있는 것이다. 또한 테슬라는 표준 자동차 보험료도 없앴으며 향후 미국에서 보험 영업을 추가로 확대할 계획이다.

• 판매 모델Sales model: 기존 자동차 제조업체가 딜러 네트워크를 구축한 것과 대조적으로 테슬라는 주로 인터넷에서 자동차를 판매한다. 차별화된 접근 방식을 통해 고객은 차량을 보거나 테스트하지 않고 온라인에서 맞춤 설정해 주문하고 구매할 수 있다. 이와 더불어 테슬라는 모델 전시를 위해 일부 매장과 쇼핑몰에 주로 입점한 '갤러리'를 운영하고 있다.

• 스테이션Station: 테슬라는 자체적으로 급속충전소, 배터리 교체소, 서비스센터를 전 세계에 구축했다.

• 소프트웨어Software: 고객이 늘 새 차를 타는 느낌이 들도록 (주로 야간에) 정기적으로 자동차 소프트웨어를 업데이트한다.

• 서비스Service: 테슬라 자동차는 휘발유로 구동되는 자동차 대비 최소한의 정비만 하면 된다. 예를 들어 브레이크는 해마다 교체하고 (날씨가 추운 지방의 경우) 에어컨 서비스는 몇 년에 한 번 받는 것만 권장한다.

• 속도Speed: 테슬라 자동차의 발진 가속도는 놀라운 수준이다. 테슬라는 모델S '플레이드' 세단이 제조 자동차로는 지구상에서 가장 빠른 가속도를 자랑한다고 주장한다. 0에서 60mph(약 100kmh)까지 걸리는 시간은 2초 이내다. 머스크는 테슬라가 "트랙에서 포르쉐를 앞지를 것이다. 빠른 자동차를 원한다면 이 차가 마음에 들 것"이라고 밝혔다.

• 안전Safety: 일반적으로 테슬라 모델은 높은 안전성 점수를 받는다. 2018년 미국 고속도로교통안전국은 테슬라의 모델S에 최고 안전 등급을 부여했다. 종합적인 안전성 점수도 가장 높았는데, (제조사

에 부여되는) 차량 안전성 점수에서 최고 등급인 별 5개보다 높은 5.4를 받았다. 미국에서 판매를 승인받기 위해 테스트된 주요 제조사, 모델, 차량 유형을 모두 합쳐 2018년 모델S는 탑승자가 부상을 입을 가능성이 가장 낮은 것으로 집계되었다.

· 1회 충전 주행 가능 거리Single Charge Range: 2021년 테슬라는 모델S 플레이드를 출시했는데 한 번 충전으로 520마일(약 836킬로미터)을 주행할 수 있다. 이는 모든 대량 생산 전기 자동차 가운데 주행 가능 거리가 가장 길다.

· 자율주행 옵션Self-driving Option: 테슬라는 고속도로에서 부분적으로 자율주행하고 자율주차 시스템을 갖춘 최초의 상용차 중 하나다.

이 모든 우위를 종합하면 고객이 기꺼이 더 많은 금액을 지불할 만한 '매력적인 대량 판매 전기차'를 제공한다는 테슬라의 포지셔닝이 더욱 굳건해진다. 일론 머스크는 "돋보이는 제품을 만들고 사람들이 그 제품에 프리미엄을 지불할 의향이 있다면 많은 가능성이 생긴다. 애플이 그런 예를 보여줬다. 훨씬 저렴한 휴대전화나 노트북을 구입할 수도 있지만 애플의 제품은 대안이 되는 제품보다 더 낫고 사람들은 프리미엄을 기꺼이 지불한다"라고 말했다.

중요한 사실은 전통주의 자동차 회사는 브랜드 차별화 과정에서 내세울 경쟁력 우위를 확보하기 위해 경쟁사의 제품과 비교해 보통 1~2개의 비교적 사소한 개선을 하는 데 그친다는 점이다. 예를 들어 포드, 쉐보레, 닷지 등 기존의 자동차 제조업체는 마력, 견인 능력, 적재 용량 등 사소한 개선을 토대로 자사의 트럭을 차별화하려고 끊임없이 노력한다. 반면에 테슬라와 같은 초월기업은 '초월적인 우위'를 확보하려 한다. 경쟁 제품과 비교해 여러 면에서 급격한 발전을 이룬 제품을 내놓는 것이다.

테슬라는 초월적 우위뿐만 아니라 다른 3가지 A도 충족한다.

테슬라의 모델3는 어떻게 이중고를 해결했나

테슬라가 2016년 발표한 모델3는 차량 판매에 무제한 접근과 제한적 접근을 어떻게 활용할 수 있는지를 잘 보여주는 사례다. 모델3는 전기차가 안고 있는 이중고를 해결했다.

일반적으로 전기차는 가격이 비싸고 한 번 충전해서 주행할 수 있는 거리가 짧다는 문제가 있었다. 당시 테슬라에서 가장 저렴한 자동차인 모델3의 시작 가격은 3만 5천 달러로 책정됐는데 1회 충전 시 주행 가능 거리가 200마일(약 321킬로미터)로 전기차 중에서는 가장 길었다(쉐보레의 볼트와 맞먹는 거리다). 이처럼 낮은 가격대와 긴 주행 가능 거리의 조합은 대량 판매 시장에서 매력으로 작용해 전기차에 대한 접근성을 크게 높였다.

하지만 테슬라의 초기 생산이 매우 제한적이었기 때문에 선착순으로 판매되는 분위기가 생겼다. 이는 희소성 원칙을 활용한 것으로, 테슬라 모델3의 낮은 가격과 긴 주행 가능 거리가 더해지면서 수요가 폭발적으로 증가했다.

2016년 4월 《포브스》는 '테슬라의 믿을 수 없는 모델3 선주문 신기루: 제품 구매에 신중해야 하는 이유'라는 제목의 기사를 게재했다. 이 기사에서 베텔 슈미트 기자는 "2016년 3월 31일 무대에 오른 테슬라의 일론 머스크가 모델3를 발표할 당시 1천 달러를 지불하고 차량을 인도받기 위해 줄을 선 사람이 이미 11만 5천 명에 달했다. 이들 중 상당수는 2019년까지 차량을 받지 못할 가능성이 크다. [2주 뒤] 모델3의 선주문이 27만 6천 대를 기록했다. 믿기 어려운 이 선주문 수치를 이해하기 쉽게 설명하자면, 세계에서 가장 많이 팔린 전기차인 닛산 리프가 [6년 전인] 2010년 처음 출시된 이후 전 세계에서 총 21만 1천 대 판매되었다"라고 밝혔다.

모델3에 대한 희소성 인식을 강화하고 수요를 높이기 위해 머스크는 트위터를 통해 계속 증가하는 예약 대수를 정기적으로 업데이트했다. 테슬라는 모델3의 수요가 하루 1,800대를 넘어섰으며 '수요를 따라잡는 데' 애를 먹고 있다고 주장했다. 2017년 7월 테슬라는 50만 대가 넘는 예약이 밀려 있다고 보고했다. 블룸버그 뉴스는 "모델3는 대량 판매 시장의 자동차 100년 역사상 가장 특별한 출발을 보였다"라고 전했다. 2016년 10월 머스크는 실제 생산 문제로 인해 "심각한 생산 지옥에 빠졌다"는 트윗을 남겨 불난 데 부채질을 했다.

2017년 3분기에 테슬라는 모델3 200대를 인도한 것을 시작으로 생산을 크게 늘렸다. 2019년 2월 모델3는 쉐보레 볼트를 제치고 미국에서 가장 많이 판매된 전기차로 올라섰다. 2020년 3월에는 모델3가 50만 대 이상 판매되어 닛산 리프를 추월하여 세계에서 가장 많이 판매된 전기차에 등극했다.

테슬라 혹은 일론 머스크에 대한 인식

모든 근거를 종합하면 일론 머스크는 연이어 성공을 거둔 기업가이자 비즈니스 아이콘이다. 스페이스X^SpaceX, 보링 컴퍼니^The Boring Company, 뉴로링크^Neurolink, 오픈AI^OpenAI와 같은 기업을 설립하거나 공동 설립했다. 또 한편으로는 탁월한 마케터로서 테슬라에 대한 인식을 조성하고 유지하는 방법을 잘 알고 있다. 머스크는 기업의 얼굴이며 다음과 같은 방식으로 마치 정치인과 같은 행보를 보인다.

• 선견지명: 머스크는 "지속 가능한 에너지로의 전 세계적 전환을 가속화"하여 기후 변화에 대한 경각심을 일으키고자 한다.

· 화제 집중: 머스크는 끊임없이 트윗을 남긴다. 테슬라는 미디어 지출액이 상당히 적은데도 소셜미디어에서 가장 많이 언급되는 자동차 제조업체 3곳 중 하나에 꾸준히 이름을 올린다. 카리스마가 강한 머스크는 소셜미디어를 다루는 수완이 탁월하다. 1만 개 이상의 트윗을 남겼고 팔로워가 테슬라의 팔로워보다 9배 많은 4,500만 명에 달한다. 또한 〈심슨〉, 〈사우스 파크〉, 〈빅뱅 이론〉, 〈SNL〉, 〈아이언 맨2〉 등 다양한 텔레비전 프로그램과 영화에 출연했다.

· 한계에 도전: 머스크는 테슬라의 모델S(운전석에 마네킹 탑승)를 스페이스X 로켓에 실어 우주 궤도에 보냈다.

테슬라의 전파자들

여러 면에서 머스크 자신이 테슬라의 전파자 역할을 하고 있다. 세간의 이목을 끌 뿐만 아니라 고객이 소셜미디어 트위터에 남긴 글에도 적극적으로 소통한다. 때로는 테슬라 디자인팀에 제품 제안을 하거나 팔로워에게 테슬라의 활동을 업데이트한다.

2019년 《컨슈머 리포트Consumer Reports》의 조사에 따르면 테슬라는 모든 브랜드를 통틀어 차주의 만족도가 가장 높으며 경쟁사와 큰 차이를 보이는 것으로 나타났다. 유사하게 2019년 블룸버그가 모델

3 소유주 5천 명을 대상으로 실시한 설문 조사에서도 응답자의 99퍼센트가 모델3를 가족이나 지인에게 추천할 것이라고 답변했으며 99퍼센트는 차량이 기대 이상이고 재구매할 의사가 있다고 밝혔다.

2020년 J. D. 파워 자동차 설문 조사에서는 차량 소유주의 정서적인 지지와 기대를 측정하는 '관심' 부문에서 테슬라 자동차가 미국의 모든 자동차 가운데 1위를 차지했다. 같은 해 실시된 J. D. 파워 자동차 품질 설문 조사에서 연간 보고되는 결함 수를 토대로 테슬라가 품질 면에서 가장 낮은 점수를 받은 것과는 대조를 이뤘다.

두 설문 조사 결과에 대해 J. D. 파워 자동차 부문의 더그 베트Doug Betts 대표는 "사람들은 이 자동차를 좋아하며 이 차의 구입으로 발생하는 문제를 받아들이는 것으로 보인다. 결국에는 다른 기업이 [결함이 더 적으면서도] 테슬라 자동차와 동일한 기능과 요소를 갖춘 자동차를 제공하기 시작할 때 고객이 이탈할 것인지 등 충성도를 눈여겨봐야 한다"라고 설명했다.

오랫동안 자동차 회사의 임원을 지낸 필립 체인Philippe Chain은 "그동안 자동차 제조업체들이 용납할 수 없는 것으로 간주했던 일을 일론 머스크는 현재 진행형으로 받아들이는 모양새다. 머스크는 진정으로 혁신적인 자동차를 운전하는 사용자 경험이 언젠가는 해결될 사소한 결함에 대한 우려를 압도한다고 믿는다. 그리고 그런 생각은 일리가 있어 보인다"라고 말했다. 분명 테슬라 구매자들은 여러 우위를 갖춘 매력적인 대량 판매 전기차라는 머스크의 개념을 신뢰했으며, 그렇기에 자동차가 여러 결함을 가지고 있지만 기꺼이 감내하는 것이다.

이 같은 접근 방식은 기존의 자동차 제조업체들의 접근법과 상반된다. 2020년 와튼 경영전문대학원의 라울 카푸어Raul Kapoor 교수는 "기존 자동차 제조업체는 조심스럽고 앞에 나서지 않는다는 인상을 줬으며 단편적으로 접근하는 전략을 사용했다. 간단히 말해 '이번에는 이걸 해보고, 다음엔 다른 걸 해보자'는 태도였다. 하지만 그런 사고를 바꾸어야 한다. 보다 공격적이어야 한다"라고 강조했다.

초월기업인 테슬라는 제조라는 게임을 근본적으로 변화시켰으며 세계 최대의 자동차 제조업체들이 점진적 발전 대신 혁명에 대응하도록 몰아가고 있는데 이들이 강점을 지니지 않은 분야다. 이와 함께 카푸어는 "기존 자동차 제조업체가 테슬라 주도의 게임을 시도하고 규칙을 바꾸는 것이 중요하다"라고 덧붙였다. 테슬라는 전통주의 기업에 해당하는 경쟁자들에게 테슬라만 승리할 수 있는 게임을 요구하고 있다.

테슬라는 광신도와 같은 전파자를 만들어 또 다른 경쟁력 우위를 확보했다. 이 전파자들은 브랜드를 알리며 테슬라 매장에서 자발적으로 일하며 테슬라 오토 클럽에 가입한다. 2019년 11월 미국 IT 전문 매체 매셔블Mashable에서 사샤 레카흐는 '테슬라가 헌신적인 팬들에게 영감을 주는 비결'이라는 기사에서 테슬라의 전파자를 몇 명 소개했다. 비비아나와 피터 반 딜린 부부는 테슬라 구매자들에게 차에 대해 설명하고 테슬라 모델3로 5천 킬로미터가 넘는 국토 횡단 자동차 여행을 한 번도 주유하지 않고 이동하는 '테슬라 부트캠프'라는 교육 워크숍을 진행했다. 비비아나는 "테슬라는 단순한 자동차 회사가 아니라 에너지 제품 기업이다. 테슬라 소유주들의 공동체에는 환경에 대한 염려와 테슬라 차량에 대한 애정 등 여러 공통점이 있다"라고 전했다.

사샤 레카흐 기자는 테슬라의 팬덤을 움직이는 원동력을 설명했다. "테슬라 팬들은 브랜드에 왜 그렇게 열정적일까? 테슬라가 **단순히 자동차 브랜드를 넘어** 공동체, 경험, 생활 방식이 되었기 때문이다. 애플이 휴대전화의 개념을 바꾼 것과 마찬가지로 테슬라의 추종자들은 모델S, 모델X, 모델3와 앞으로 선보일 모델Y, 픽업트럭 등이 전기차 시장뿐만 아니라 개인이 소유한 모든 자동차를 변화시킬 것으로 믿는다"라고 설명했다.

독특한 접근과 소셜미디어에서의 인식, 헌신적인 전파자 등 테슬라 자동차가 누리는 여러 이점에 힘입어 테슬라는 플러그인 배터리로 구동되는 전기차 시장에서 전 세계적으로 판매가 가장 많은 회사가 되었다. 2020년 12월 테슬라의 시장 가치는 전 세계 자동차 제조업체 9곳을 모두 더한 것보다 크다. 2021년 1월 8일 테슬라의 시가총액은 8천억 달러를 넘어서 전 세계에서 애플, 마이크로소프트, 아마존, 알파벳(구글의 모기업)에 이어 다섯 번째로 가치가 큰 기업으로 자리매김했다.

· 대단히 많은 이점을 제공하라

초월기업은 승리하는 캠페인을 진행하는 데다 여러 경쟁우위를 확보한 승리하는 제품을 제공한다. 테슬라는 초월기업 체계의 두 번째 A인 '우위'를 가장 잘 보여주는 사례다.

테슬라의 머스크 CEO는 "누군가가 획기적인 혁신을 이룰 때 그것은 거의 사소한 기술 하나인 경우는 없다. 아주 드물게 사소한 기술 하나로 혁신을 이룰 수는 있겠으나 대개 거대한 혁신은 대단히 많은 기술의 집합체다"라고 말했다. 머스크는 테슬라가 경쟁업체와 비교해 '대단히 많은' 이점을 제공한다고 확신했다.

· 당신의 어젠다는 무엇인가

테슬라의 어젠다는 '지속 가능한 에너지로의 전 세계적 전환'이며, 자사의 차량을 '매력적인 대량 판매 시장 전기차'로 포지셔닝했다. 2016년 출시된 테슬라의 모델3는 저렴한 가격에 1회 충전으로 주행 가능 거리가 길어 매력적인 전기차에 대한 소비자의 접근성을 높였다.

· 우위+인식+전파자가 맞아떨어진 테슬라

독특한 접근과 소셜미디어에서의 인식, 헌신적인 전파자 등 테슬라 자동차가 누리는 여러 이점에 힘입어 테슬라는 플러그인 배터리로 구동되는 전기차 시장에서 전 세계적으로 가장 많이 판 회사가 되었다. 테슬라의 시장 가치는 다른 전통주의 자동차 제조업체를 압도한다. 초월기업 접근 방식을 활용하여 테슬라는 2021년 전 세계에서 다섯 번째로 가치 있는 기업이 되었다.

14

전파자:
레미샤인, 글로시에

승리하는 대통령 후보는 캠페인 어젠다를 사용하여 다른 사람들이 자신의 편에 서고 자신을 위해 일하도록 영감을 준다. 버락 오바마와 도널드 트럼프 둘 다 지지자들이 각각 '변화'와 '미국을 다시 위대하게'라는 캠페인 어젠다를 퍼뜨리도록 동기를 부여했다. 이러한 운동을 통해 두 후보자는 엄청난 지원을 이끌어냈고 결국에는 어젠다를 실행할 수 있도록 백악관에 입성했다.

마찬가지로 미국 여자축구 대표팀, 뉴질랜드 럭비 대표팀 등 지속적으로 승리하는 스포츠팀은 팀 내부에서뿐 아니라 팬들 사이에서 모멘텀, 즉 **운동**을 일으키는 것이 경기에 승리하는 데 어떤 도움을 주는지 잘 알고 있다. 물론 '팬'은 광신도fanatic를 줄인 말이다. 정치인과 코치진은 공유하는 대의 아래 열정적인 팬층을 결집하는 것이 얼마나 중요한지 잘 알고 있다. 최고의 초월기업 전문가들 역시 마찬가지다.

컨설팅 업무를 하면서 나는 **전통주의 기업에는 사명이 있을 뿐이고, 초월기업은 사명을 따르고 있음**을 발견했다. 많은 전통주의 기업에게 사명을 적은 글이란 웹사이트에 올리는 진술에 불과한 경우가 많다. 반면에 초월기업에 사명을 적은 글은 회사에서 하는 모든 일에 방향을 정해주는 원칙이다. 2015년 아마존의 제프 베이조스는 비즈니스 세계에서 '미션Missionaries' 팀과 '용병Mercenaries' 팀을 구분한 적이 있다.

"미션 팀은 제품을 만들고 서비스를 구축하는 것이 고객을 사랑하고, 제품을 사랑하고, 서비스를 사랑하기 때문입니다. 용병 팀은 회사를 바꿔가며 돈을 벌기 위해 제품과 서비스를 구축합니다."

2018년에는 "가장 많은 돈을 버는 것은 대부분 미션 팀이다"라고 덧붙였다.

펠로톤은 《엘르》지가 최근 '펠로버스Peloverse'라고 지칭한 팬층을 구축했다. 라이어슨 대학교에서 소매업 관리 분야를 담당하는 제나 제이콥슨Jenna Jacobson 박사는 말했다.

"인기 있는 모든 피트니스 브랜드가 인터넷에 추종자들을 거느리지만 펠로톤의 지지자들은 단순한 팬이 아니라 이 회사의 기업 정체성의 일부이며 수천 명의 라이더에게 생명선과 같은 역할을 합니다. 특히 폭발적으로 증가하는 인터넷 기반의 경쟁자들과 펠로톤을 구분 짓는 비결이기도 합니다. [펠로톤은] 개인의 생활 방식에 진정으로 녹아들었습니다."

이와 유사하게 테슬라는 사람들을 지속 가능한 에너지로 전환하도록 장려하는 사명을 전 세계에서 실천하고 있다. 사람들이 테슬라의 사명을 믿고 차량을 구매할 여력까지 있다면 이 회사의 어젠다를 신뢰하고 전기차를 구매하며 무엇보다 다른 사람들도 동참하도록 설득한다. 가장 성공적인 초월기업은 **캠페인 어젠다를 운동으로 바꾼다.**

시장을 변화시키려면 전파자의 운동을 일으켜라

펠로톤의 디지털 피트니스나 테슬라의 지속 가능한 에너지 사명을 신뢰하는가? 만약 그렇다면 최소한 이 회사들의 고객이 되거나 더 나아가 전파자가 될 가능성이 크다. 전파자는 초월기업 체계에서 접근, 우위에 이어 세 번째 'A'에 해당한다. 필자는 다른 사람들이 기업의 캠페인 어젠다를 지지하고 조언하고 알리고 다른 사람도 그 어젠다를 믿게 하는 이해관계자를 '전파자'로 정의한다.

정치에서는 화두를 바꾸는 것이 선거 승리의 비결이다. **비즈니스에서는 시장의 판도를 바꾸는 것이 관건이다.** 판도를 바꾸고 경쟁자를 압도하기 위해서는 캠페인 전파자 군단을 조직해 전파자 운동을 일으켜야 한다.

다음의 비교 표에 나와 있듯 초월기업의 전파자는 전통주의 기업

| 전통주의 기업 체계와 초월기업 체계의 비교 |

차이	전통주의 기업 체계 지지자	초월기업 체계 전파자
정체성	제품 인플루언서	열정적인 전도자
지지 대상	브랜드	어젠다
창출	긍정적 리뷰	어젠다 전향
제공	제품 피드백	제품 제안
설득 대상	사회집단: 가족과 지인	소셜미디어: 팔로워와 팬

의 지지자들과는 크게 다르다.

지지자는 긍정적인 제품 리뷰를 작성하고 때때로 회사에 제품 피드백을 제공하여 브랜드를 후원하는 제품 인플루언서다. 주로 이들은 가족과 지인이 대부분인 사회집단을 대상으로 제품을 알린다. 반면에 전파자는 지지자가 하는 모든 행동을 포함해 훨씬 더 많은 일을 한다. 전파자들은 기업의 캠페인 어젠다를 알리는 열정적인 전도자들이며 소셜미디어를 활용해 팔로워들이 어젠다를 추구하도록 전향시킨다. 경우에 따라 구체적으로 제품의 개선 사항이나 새로운 제품 아이디어를 제안하기도 한다. 특히 전파자들은 단순히 고객이 아니라 '가족의 일원'이라고 느끼며 자신이 비즈니스에서 중요한 부분을 차지한다고 생각한다.

요약하면, 초월기업 체계의 한 요소인 전파자는 기존 전통기업 체계에서의 지지자와 달리 더 많은 일을 한다. 가정용 세제 제조업체인 레미샤인과 화장품 기업인 글로시에를 통해 더 구체적으로 살펴보자.

전파자 운동을 일으킨 레미샤인

지속 가능한 에너지와 관련하여 고객이 전파자가 되는 이유를 이해하는 것은 어렵지 않다. 그런데 식기세척기 세제와 같이 일상적인 문제와 제품에 대해 고객의 열정을 불러일으키려면 어떻게 해야 할까?

텍사스에서 설립된 가족 소유의 가정용 세제 제조업체로 소기업인 레미샤인Lemi Shine에서 그 비결을 찾을 수 있다.

이 회사는 경쟁이 매우 치열한 식기세척기 세제 카테고리에 속해 있다. 이 시장은 프록터앤갬블의 캐스케이드, 레킷벤키저Reckitt Benckiser의 피니시 등 거대한 전통주의 기업과 제품이 장악하고 있다. 소기업이 대기업의 막대한 광고 예산에 맞서 싸울 방법이란 없다. 레미샤인과 마케팅 대행사인 바자보이스Bazaarvoice는 초월기업의 접근 방법으로 승리를 거둘 기회를 찾기 위해 시장 조사를 했다. (초월기업에서도 고객과 시장에 대한 통계를 얻기 위해 마케팅 조사를 실시할 수 있다. 다만 전통주의 기업보다 제품 포지셔닝과 메시지 테스트에 활용하는 정도가 훨씬 덜하다.)

우선 레미샤인은 고객 시장 조사를 했다. 그 결과 대다수의 사람이 식기세척기 세제를 진지하게 생각하거나 신경을 쓰거나 하지 않지만 고객의 10퍼센트는 '강박적으로 청결에 집착하여' 설거지에 까다로운 기준이 있는 것으로 드러났다. 회사는 이러한 고객층에 '청소광'이라는 별명을 붙이고 이들을 대상으로 마케팅 노력을 기울였다. 마케팅 대행사인 바자보이스에 따르면 "소비자와 레미샤인 사이에 가장 뚜렷한 최고의 연결고리는 그릇에서 뽀득뽀득 소리가 나야한다는 공통적인 동기가 있다는 점이었다. 이에 대체로 완벽주의 성향이 강한 고객과의 소통에 노력을 쏟는 대신 나머지 고객은 잊기로 했다. 같은 범주에서 경쟁하는 업체들은 수억 달러를 들여 제품에 어떤 물질이 들어 있으며 어떤 효과가 있는지를 알린다. 우리는 대신이 제품이 누구를 위해 탄생했는지에 집중하기로 했다. 가장 높은 기준과 기대치를 가진 사람들이 선호하는 브랜드가 되면 시장의 나머지도 따라오리라 가정한 것이다"라고 밝혔다. 레미샤인이 식기세척기 세제 시장의 판도를 바꾸려는 계획을 의도적으로 세우고 시장이 따라오도록 만들었다는 점에 주목해야 한다.

둘째로 레미샤인은 고객이 세제를 구입할 뿐만 아니라 회사를 대신해 다른 사람들을 설득하도록 특정 고객에게 도달하고 소통하고 운동을 일으키기 위한 캠페인 어젠다와 강령을 개발했다. 다음은 레미샤인의 강령을 요약한 표다.

바자보이스는 '청소광을 위한 청결' 개념을 설명하는 기획서를 준

캠페인 어젠다 '게임'(5단어 이내)	**청소광이 보기에도 청결**
캠페인 C-메시지 캠페인을 추진하기 위한 간결한 메시지 (최대 3개)	• "더 나은 브랜드는 언제나 강력한 세정력을 발휘하면서도 안심할 수 있고 독성 잔류물이 남지 않는 효과 좋은 가정용 세제를 만들기 위해 최선을 다합니다." • "레미샤인은 '100퍼센트 천연 감귤 추출물을 사용한 가정용 세제 전 제품군'을 제공합니다." • "레미샤인은 의심스러운 화학물질을 사용하지 않고도 세정력을 발휘하여 청소광 기준에도 만족스러운 청결한 집을 만들어줍니다."
캠페인 후보 캠페인 어젠다에 가장 적합한 회사 또는 브랜드	**레미샤인**
후보 포지셔닝 이해관계자의 마음에 후보자를 떠올리게 하는 개념(5단어 이내)	**더 나은 가정용 세제**

비했다.

"레미샤인은 청소광을 위해 청소광이 만드는 회사다. 이 세상에는 청결 기준이 더 높은 사람들이 있다는 것을 잘 알고 있기 때문이다. 얼룩덜룩한 그릇, 오염물이 잔뜩 남은 잔, 더러운 식기에 만족하지 못하는 사람들이다. 우리 역시 청소광인 만큼 청소광이 보기에도 청결한 환경을 만들어줄 것이다."

초월기업인 레미샤인과 고객들이 청소광이 보기에도 청결한 식기 세척 경험이라는 열망을 공유한다는 점이 눈에 띈다. 반면 전통주의 기업은 식기세척기 세제를 고객에게 어떻게 팔 것인지에만 관심을 둔다.

레미샤인은 다른 사람들이 조롱할 법한 청소에 강박적으로 집착하는 '청소광'을 찬양한다. 예를 들어 2017년 레미샤인은 '청소광에게 희소식: 레미샤인, 신제품 발표'라는 보도자료를 내고 얼룩과 악취를 제거해 '청소광이 보기에도 청결한' 환경을 만드는 무독성의 새로운 세제 두 종류를 발표했다.

레미샤인은 청소광 어젠다를 지속적으로 전달했다. 회사 웹사이트에서 레미샤인은 '청소광 팀'을 소개하는데 직원마다 서로 다른 유형의 청소광을 대표한다. 예를 들어 트레이드 마케팅 부문의 안드레스는 자신을 "사용한 물건을 정리하세요" 유형의 청소광이라고 소개한 반면 동부 지역 영업 관리자인 그레이는 '프랭크 시나트라' 유형의 청소광이라고 밝혔다. "청소는 내 방식대로 한다."

셋째, 레미샤인은 현재의 고객이 단순히 제품을 구입할 뿐만 아니라 청소광이 아닌 사람들도 설득할 수 있도록 전파자로 만든다. 캠페인 어젠다에 맞춰 전파자들을 청소광으로 부르고 고객이 무료로 가입하여 무료 제품과 샘플을 얻을 기회, 독점적인 이메일 홍보, 가치가 높은 쿠폰, 특별 행사와 새로운 제품 발표 이용과 같은 특별 혜택을 누릴 수 있는 '청소광 클럽'을 만들었다. 바자보이스는 레미샤인의 전략이 "동향을 살피고, 사용을 유도하며, 궁극적으로는 브랜드 전파를 촉진하기 위한 것"이라고 설명했다.

전파자 운동을 일으키기 위해 레미샤인은 어젠다 옹호를 위한 다른 행동 3가지도 활용했다.

· 우위: 레미샤인은 고객이 천연 재료로 만들어 독성이 없고 안전하면서도 완벽하게 닦아내는 강력한 세정력을 발휘하는 세제를 선호한다는 사실을 잘 알고 있다. 가정용 세제는 100퍼센트 천연 감귤 추출물로 만든다.

· 접근: 제품 출시에 앞서 레미샤인은 먼저 고객들에게 샘플을 보내 긍정적인 제품 리뷰를 이끌어냈다. 에브리데이 스프레이Everyday Spray라는 신제품이 나오자 바자보이스는 샘플을 청소광 클럽에 전달했다. 사실상 모든 회원이 요청에 응하여 수십 개의 리뷰를 남겼는데 (5점 만점에) 4.8점을 기록했다. "특히 밀레니엄 세대는 전통적인 광고 기법과 제품이 내세우는 주장에 회의적"이라고 조엘 엠쇼프 브랜드 부관리자는 말했다. "제품에 대한 긍정적인 CGC(Consumer-generated Content, 소비자 제작 콘텐츠)를 활용함으로써 새로운 브랜드나 제품을 시도할 때 고객이 마주하는 많은 불안을 상당 부분 없앨 수 있습니다." 엠쇼프는 젊은 고객들이 전통주의 기업의 브랜드 광고 전략을 점점 더 불신하고 있다고 강조했다.

• 인식: 이와 같이 고객에게 도달하려는 노력을 기울인 결과 다양한 소비자 제작 콘텐츠가 탄생했다. 레미샤인은 소비자들이 제품을 보다 쉽게 찾을 수 있도록 소매 웹사이트에 1만 5천 개가 넘는 고객 리뷰를 공개했다. 수천 개의 고객 리뷰와 댓글 중에서 3개를 아래에 소개한다.

스레드만 봤을 뿐이지만 (유리 그릇과 검은색 손잡이의 식기들이 점점 때가 타서) 어제 레미샤인을 구입해서 '설명대로 사용했다'. 원래 새로운 제품에 별다른 감흥이 없는 내가(2008년 아이폰을 보고 '별로야'라고 했을 정도) 이 제품에 이렇게 호들갑이라니 놀랍다. 레미샤인은 주장하는 효과를 그대로 보여준다.

-'SEGESTA', HOUZZ.COM(2009년)

레미샤인은 마법이다. 심각한 경수硬水가 나왔는데 점점 더 심해져서 물 위를 걸을 수 있을 정도였다. 그릇에는 더러운 흰색 막이 생겼고 갈수록 막이 두꺼워지고 역겨워졌다. 손으로 설거지를 하거나 새로운 그릇을 사야겠다고 생각하던 차에 레미샤인을 넣어봤다. 농담이 아니라 2~3번 돌렸더니 그릇이 새것처럼 보였다. 이전과 이후 사진을 찍어놨으면 좋았을 텐데 아쉽다. 깨끗한 물컵 옆에 불투명한 물컵이 있다고 생각해보라. 대체 레미샤인에 어떤 마법 가루가 들어 있기에 그렇게 그릇이 변신하는지 궁금할 따름이다.

-'AZMANAM', CHEMISTRYBLOG.COM(2012년)

가족 모두가 흥분되고 충격에 빠졌다. 유리 그릇이 맑고 투명해지다니 보고도 믿을 수 없을 지경이다. 연휴가 되기 전에 새 식기세척기를 살 생각이었는데 기쁜 마음으로 그 계획을 취소할 수 있게 되었다! 훌륭한 제품인데 무독성이라니 최상의 조합이다.

−'KNDT', LEMISHINE.COM(2019년)

캠페인을 실시한 후 레미샤인의 사이트 트래픽은 300퍼센트 증가했으며 페이스북 팬은 3배, 소셜미디어 참여율은 업계 평균의 2배로 증가했다. 엠쇼프는 레미샤인의 어젠다를 알리고 입소문을 내는 전파자들의 존재가 얼마나 중요한지를 요약해줬다.

"소비자들이 정보에 대한 접근권을 갖고 점점 더 강력해지는 상황에서 시장에 파괴적 변화를 일으키는 레미샤인과 같은 성장하는 브랜드는 소비자가 제작한 콘텐츠에 투자함으로써 막대한 이점을 누릴 수 있습니다."

커티스 에그마이어Curtis Eggemeyer CEO는 비상장사인 레미샤인이 2020년에 3,500만 달러 이상의 매출을 기록하면서 폭발적 성장을 경험했다. 회사의 직원은 단 26명에 불과하다. 반면에 경쟁사인 P&G는 해당 제품과 시장을 담당하는 직원이 9만 9천 명에 달한다. 거대 브랜드를 보유한 기업과 경쟁하지만 에그마이어는 "레미샤인의 수요는 측정할 수 없는 수준"이라고 말했다. 그는 현재 레미샤인이 "1억 5천만 달러 규모의 식기세척기 세제 부스터 시장에서 시장 점유율이 약 20퍼센트이며 다른 카테고리에서도 매출 규모가 크고 점유율이 증가하고 있다"라고 밝혔다.

전파자와 함께 제품을 만들어가는 글로시에

에밀리 와이스Emily Weiss는 전파자의 개념을 완전히 다른 수준으로 끌어올렸다. 사실 에밀리는 화장품 기업인 글로시에를 설립하고 CEO가 되기 훨씬 전부터 소셜미디어에서 유명한 패션 인플루언서였다. 2010년 《보그》 패션 보조로 일하면서 〈인투 더 글로스Into the Gloss〉라는 뷰티 블로그를 시작했다. 처음에는 다른 블로그처럼 패션 리더와 연예인 등 소위 '전문가'가 어떤 말을 하고 무엇을 입는지에 대한 글을 썼다.

"〈인투 더 글로스〉를 시작했을 때 패션과 더불어 뷰티도 개인의 스타일 요소로 만들고 싶었어요. 수백 명의 여성을 인터뷰하면서 기존의 아름다움에 대한 패러다임이 얼마나 큰 문제를 안고 있는지 알게 되었죠. 과거에는 전문가가 고객인 당신에게 일방적으로 얼굴에 무엇을 해야 하고 무엇을 하면 안 되는지 알려주는 업종이었습니다."

그러다 시간이 지나면서 와이스는 중요한 사실을 깨달았다.

"우리 모두가 전문가 아닌가!"

그런 깨달음을 얻자 패션 세계를 뒤집어놓을 수 있다는 생각이 들었다. 이른바 전문가라는 사람들의 말을 듣는 대신 블로그에서 미용과 미용 제품에 대한 실제 문제를 알고 통찰력과 아이디어를 지닌 **진짜 사람들**에게 귀를 기울였다.

이것이 큰 깨달음을 얻는 계기였다. 2014년 와이스는 블로그를 활용해 패러다임을 뒤집는 미용 제품 회사인 글로시에를 설립하기로 했다. '실제 삶에서 영감을 받은 미용 제품'에 기반한 회사였다. 이 과정에서 패션 업계의 판도를 바꾸고자 했다.

"모두가 자기 자신에 대해서만큼은 전문가임을 인정하는 미용 회사를 만들면 어떨까 하는 생각이 들었어요. 각자 우리는 다른 누군가에게 도움이 될 만한 의견을 가지고 있어요. 중요한 사실은 오늘날 대다수 여성이 인터넷 콘텐츠에 등장하는 모르는 사람의 의견을 토대로 미용 제품의 구매를 결정한다는 거예요."

와이스의 접근 방식에는 특이한 부분이 있다. 고객에게 이전에는 상상조차 할 수 없던 제품을 제시하는 잡스나 머스크와 같은 미래파도 아니고 고객의 패션 제안에 따라 재고를 지속적으로 업데이트하는 자라와도 달랐다. 와이스는 블로거들을 글로시에와 제품을 '공동 제작하는' 파트너이자 전문가로 대했다. 《타임》에 따르면 글로시에는 대부분 고객들의 의견을 토대로 밀키 젤리 페이스 워시Milky Jelly Face Wash를 공동 제작했다.

수백 명의 응답에 기반하여 와이스가 이끄는 팀은 글로시에의 1등 구매 상품인 밀키 젤리 페이스 워시를 고안했다. 립스틱부터 모이스춰라이저에 이르기까지 많은 제품이 고객 요청을 크라우드 소싱하여 제작되었다. (고객들이 장미향 립밤을 요청하자 회사에서는 실제로 그런 제품을 만들었다.) 그러고는 팔로워가 40만 명 이상인 인스타그램의 피드에서 실제 고객을 활용해 마케팅했다.

전문가가 고객에게 어떤 화장품을 사용해야 하는지 알려주는 하향식 태도에서 고객이 기업에게 어떤 제품을 만들지 알려주는 상향식 접근으로 바꾸자 경쟁이 극도로 치열한 화장품 업계에서 엄청난 변화가 일어났다. 《보그》는 "글로시에의 탄생으로 포괄적인 캐스팅, 자연스러운 스타일링, '피부가 먼저, 메이크업은 그다음'이라는 단순한 메시지를 활용한 마케팅 패러다임 시대에 접어들었다. 당시로서는 혁명적인 개념이었다. 있는 그대로를 받아들이는 생소한 인식을 활용하자 업계는 이내 지각 변동을 겪었다. 패션 모델이자 와이스의 수많은 지지자 중 하나를 자처하는 칼리 클로스Karlie Kloss는 '에밀리의 아이디어는 기존의 현상을 변화시킬 준비가 되어 있는 여성들에게 큰 영향을 미쳤다'라고 말했다"라는 기사를 실었다.

와이스는 제품 개발뿐 아니라 제품 마케팅에도 큰 변화를 불러일으켰다. 그녀는 전파자들을 적극적으로 육성하고 많은 권한을 부여했다. 2019년 《복스》와의 인터뷰에서 와이스는 "글로시에가 제품을 선보이기도 전인 설립 첫날부터 지금까지 지키는 원칙은 하나다. 한 사람 한 사람이 인플루언서라는 것이다. 정치에 비유하자면 모든 여성을 국회의원으로 보는 것이다. 그 어느 때보다 자신의 의견을 잘 이해하고 중요성을 깨달으며 목소리를 높이는 것이 필요하다는 사실을 알게 될 것이다"라고 말했다.

와이스는 전반적인 전파자 운동을 일으키기 위해 기업의 정치 각본을 활용했다.

"글로시에의 고객은 가장 중요한 대변인이자 미션 팀이다. 우리가 바라던 바로 그대로 실천해주고 있으며 글로시에를 설명하는 사람들이다."

현재 인스타그램에서 글로시에의 팔로워는 약 300만 명에 달한다. 회사는 팔로워 각자의 계정을 위한 콘텐츠를 제공한 다음 글로시에 계정에 팔로워의 사진을 게시하여 동기를 부여한다. 《복스》는 "분홍색 뽁뽁이 파우치에서 뉴욕시와 로스앤젤레스의 화려한 양방향 쇼룸에 이르기까지 글로시에가 하는 모든 일은 사진을 찍고 대화를 나누도록 고안된 것이다. LA 쇼룸을 예로 들면 사진을 촬영하기 위한 '협곡' 룸이 마련되어 있다. 두 곳 모두 '근사해 보여'와 '사물이 실제 보이는 것보다 촉촉합니다'라고 새겨진 거울이 설치되어 있다. 거울 셀카를 찍기에 완벽한 장소다"라고 전했다.

와이스는 "우리에게 인스타그램이란 많은 사용자 제작 콘텐츠를 나눌 수 있는 환상적인 도구다. 가장 큰 관심은 진정으로 민주화된 대화를 만들어나가는 것이다. 인스타그램 채널에서 우리가 하는 많은 일은 사람들의 이야기를 칭찬하는 것이다. 물론 보이 브로^Boy Brow나 [다른] 글로시에 제품을 사용하는 사용자를 찾으려고도 한다. 하지만 정말 바라는 것은 로레알 제품이든 맥 [화장품] 제품이든 상관없이 사람들의 전체 일상과 각자 발견한 사실들을 전파하는 것이다"라고 말했다.

남다른 열정을 지닌 고객들은 500명의 글로시에 '앰배서더'에 선발되기도 한다. 앰배서더마다 웹 페이지를 제공받으며 고객이 회사 제품을 구매할 수 있도록 한다. 이러한 회사 외부의 대표들에게는 금전적 수수료와 회사 크레딧이 제공된다. 와이스는 앰배서더 프로그램이 "브랜드에 보다 적극적으로 관여하기를 원하고 이미 글로시에와 관련하여 멋진 콘텐츠를 만들고 있는 모든 젊은 여성들에게 호응한 것"이라고 말했다.

글로시에의 강령을 요약한 표를 보면 캠페인 어젠다와 강령이 '미용'이라는 동일한 단어를 사용하여 서로 일치하고 있다. 다른 초월기업의 방식과 마찬가지로 글로시에는 캠페인 어젠다를 **앞세우고** '소셜 미디어에 기반한 최초의 미용 브랜드'라는 포지셔닝으로 **뒷받침한다**.

글로시에가 2016년 뉴욕시에 처음으로 소매 매장을 열 당시 와이스는 "제품을 만드는 회사를 초월하는 기업이 되기를 바란다. 제품은 우리가 하는 일의 50퍼센트다. 나머지 50퍼센트는 글로시에의 세계에 있는 사람들을 향하며, 글로시에라는 안경으로 세상을 바라보

캠페인 어젠다 '게임'(5단어 이내)	실제 삶에서 영감을 얻은 미용 제품

캠페인 C-메시지
캠페인을 추진하기 위한 간결한 메시지
(최대 3개)
	• "글로시에는 미용에 대한 새로운 접근
	  이다."
	• 글로시에는 "여성들이 다른 누군가의
	  부러워할 만한 모습이 아닌 최고의 자
	  신으로 태어나게 한다."
	• "고객과 함께하도록 디자인되고 사용하
	  기 쉬우며 복잡하지 않은 제품을 만든
	  다."

캠페인 후보 캠페인 어젠다에 가장 적합한 회사 또는 브랜드	글로시에
후보 포지셔닝 이해관계자의 마음에 후보자를 떠올리게 하는 개념(5단어 이내)	소셜미디어에 기반한 최초의 미용 브랜드

는 것이다. 이것은 시각이다. 특별한 관점이다. 세상에는 '평범할 뿐
인' 제품이 너무나 많다"라고 말했다. 이 인용구에 초월기업 체계만
의 특별함이 완벽하게 요약되어 있다. 글로시에는 훨씬 더 큰 브랜드
중심의 화장품 경쟁사(에스티로더, 로레알, 코티, 그 밖의 소규모 경쟁사 등)를
초월하며 시장에 글로시에라는 기준으로 세상을 바라볼 것을 요구
하고 자기만의 방식으로 게임을 한다. 시장에 미투 브랜드가 넘쳐나
는 시대에 글로시에는 불가능해 보이는 것을 브랜드 차별화 요소로

공략하는 초월기업의 사고방식을 지니고 있다.

전파자 지원을 비롯해 글로시에의 전반적인 초월기업 접근은 회사를 성공으로 이끌었다. 고객의 약 80퍼센트는 지인의 추천으로 고객이 되었으며 이러한 추천 가운데 10퍼센트가량은 글로시에 앰배서더 프로그램에서 발생했다.

2017년 《패스트 컴퍼니》는 글로시에를 '가장 혁신적인 기업' 중 하나로 선정했으며 《Inc.》는 '올해의 기업'으로 뽑았다. 《포브스》는 2018년 말 글로시에가 《틴 보그》, 《글래머》, 《코스모폴리탄》 등 여러 유명 잡지에서 최고의 미용 기업에 올랐다고 전했다.

글로시에의 직원은 현재 350명이 넘으며, 미국과 5개국에서 운영 중이다. 2018년 연 매출은 2배 이상 증가하여 1억 달러가 넘었다. 2019년에는 세콰이어캐피털에서 마지막 자금을 조달받았는데 4년도 안 된 시점에 시장 가치가 10억 달러를 돌파했다.

2019년 《복스》 팟캐스트에서 와이스는 글로시에의 성공 요인을 다음과 같이 요약했다.

무엇을 원하는지 스스로 결정할 수 있도록 사람들의 의견을 전하는 데 도움을 주고 있습니다. 사람들에게 놀라운 경험을 어떻게 만들어줄까 생각합니다. 그런 점에서 아마존과 비슷한 면이 있어요. 놀라움을 주지 않는 물건은 세상에 내놓고 싶지 않다는 생각으로 고객에게 열정을 쏟아붓습니다. 제품을 출시한 이후 언제나 사용자가 만든 콘텐츠와 피드백에 귀를 기울였습니다. 글로시에는 [고객에게] 어떤 제품을 만들지, 팝업 스토어나 어느 나라에 진출해야 할지를 진지하게 물어보며 브랜드와 고객의 관계를 근본적으로 변화시킬 수 있었습니다. [우리는] 세월이 흘러도 사랑받는 멋진 제품을 만들고 아이폰이나 에어조던이 꼭 필요한 제품이 된 것처럼 상징적인 제품이 되고자 합니다.

· 전통주의 기업에는 사명이 있을 뿐이고 초월기업은 사명을 따른다

많은 전통주의 기업에게 사명을 적은 글이란 웹사이트에 올리는 진술에 불과한 경우가 많다. 반면 초월기업에게 사명을 적은 글은 회사에서 하는 모든 일에 방향을 정해주는 원칙이다.

· 어젠다를 널리 알리는 전파자를 구축하라

가장 성공적인 초월기업들은 캠페인 어젠다를 전파자의 운동으로 발전시켰다. 전파자들은 소셜미디어를 활용해 기업의 캠페인 어젠다를 알리고 팔로워들이 기업 어젠다를 후원하도록 전향시킨다.

· 레미샤인의 청소광과 글로시에의 앰배서더의 공통점

레미샤인의 청소광과 글로시에의 앰배서더는 모두 캠페인 어젠다를 후원하고 고객들과 소통하며 긍정적인 입소문을 내서 궁극적으로는 제품 매출이 급격하게 증가하도록 이끌었다.

인식:
헤일로탑, 캐리 해머

어젠다를 옹호하는 네 번째 방법은 입소문을 통해 소비자의 인식을 조성하는 것이다. 입소문에는 2가지 종류가 있다. 하나는 내가 '**꿀벌 입소문**'이라고 부르는 것으로, 마치 벌이 윙윙거리듯 끊임없이 메시지를 전달하는 것을 말한다. 이 접근 방식은 선거에서 전파를 차지하여 경쟁자를 밀어내기 위해 고안되었다. 도널드 트럼프가 계속 트윗을 올리는 것이 전형적인 벌의 입소문 접근 방식이다. 2016년 대선 기간에 트럼프는 온라인과 오프라인 미디어에서 경쟁자인 힐러리 클린턴보다 몇 배 더 많이 언급되었다.

두 번째 유형은 '**큰북 입소문**'이다. 가장 큰 무대에서 최고의 기대감을 얻는 방식이다. 예를 들어 2004년 오바마 상원의원의 민주당 전당대회 연설은 그의 2008년 대선 출마에 대한 엄청난 기대를 불러일으켰다.

두 종류의 입소문 개념을 차례로 살펴보고 초월기업 체계에 어떻게 적용할지 살펴보자.

헤일로탑의 꿀벌 입소문이 이룬 매출 2,500퍼센트 상승

단것을 좋아하고 빚에 허덕이는 소송 변호사가 처음으로 만든 아이스크림 파인트에 당신이라면 돈을 투자하겠는가? 아마 그래야 할 것이다. 《CNBC 메이크 잇CNBC Make It》에 따르면 헤일로탑의 설립자이자 CEO인 저스틴 울버턴Justin Woolverton은 33세에 아이스크림 한 통을 죄책감 없이 먹는다는 아이디어에 집착했다. 시중에 그런 아이스크림을 찾을 수 없어서 직접 만들기로 했다. 2011년 그는 아마존에서 20달러짜리 아이스크림 기계를 산 뒤 5년 동안 레시피 개발에 전력했다.

역시 변호사 출신인 더그 부턴Doug Bouton이라는 친구가 울버턴의 실험에 합류하여 대표 겸 공동 창업자가 되었다. 어느 시점엔가 두 파트너는 총 50만 달러가 넘는 빚을 지고 있었는데 부턴은 다음과 같이 상황을 설명했다.

우리 둘 다 수십만 달러의 부채가 있었어요. 로스쿨에 다닐 때 생긴 학자금

대출이 각자 20만 달러가 넘었던 것으로 기억합니다. 그 밖에도 울버턴은 5개 신용카드의 한도가 차 있는 상태였는데 신용카드 부채도 수십만 달러였을 것입니다. 나의 경우 신용카드 부채가 4~5만 달러가량이었습니다. 모두 회사에 쏟아부은 자금인데 회사가 실패하면 [둘 다] 파산하고 말 상황이었죠. 둘 중 누구도 파산을 선언하고 새로 다른 일을 시작하는 것 말고는 다른 방법이나 다른 선택이란 없었습니다.

2016년 마침내 두 사람에게 행운의 기회가 찾아왔다. 《GQ》의 셰인 스노Shane Snow 기자가 열흘 동안 헤일로탑 아이스크림 파인트만 먹는 급격한 다이어트에 도전해보고 '10일간 마법과도 같이 건강한 아이스크림만 먹었을 때 일어나는 일'이라는 기사를 게재한 것이다. 스노 기자는 기분 좋게 10파운드(약 4.5킬로그램)를 감량하는 데 성공했다. 긍정적인 평가에 힘입어 회사는 절호의 기회를 맞았다. 부턴은 "2016년 1월에 마치 하키 스틱 모양과도 같은 급격한 성장이 시작되었다. 수백만 명이 우리 제품에 관심을 보였는데 올바른 제조법과 포장을 갖춘 상태라 그런 기사가 게재되기에 완벽한 시점이었다"라고 회고했다.

곧 헤일로탑의 두 파트너는 두 번째 성공 비결인 소셜미디어 입소문을 활용했다. 몇 가지 비법을 사용했는데 모두 4가지 승리를 위한 행동에 부합한다. 첫째, 두 사람은 승리하는 레시피라는 엄청난 우위를 확보하고 있었다. 헤일로탑 한 통을 다 먹어도 칼로리가

280~380으로 경쟁사인 벤앤제리스Ben & Jerry's, 하겐다즈Häagen-Dazs 아이스크림의 20~25퍼센트에 불과했다. 또한 헤일로탑은 지방과 탄수화물은 6분의 1 수준으로 낮추고 단백질 함유량은 25퍼센트 높였다고 주장한다. 종류는 20가지가 넘는데 대다수 고객은 아이스크림의 맛이 좋으면서도 칼로리, 지방, 당을 크게 줄였다는 데 만족한다. "헤일로탑은 최초의 아이스크림이다. 무엇보다 몸에 좋고 맛도 좋아 모순적으로 보이기까지 한다"라고 부턴은 말했다.

둘째, 헤일로탑은 가상 샘플과 실제 샘플을 통해 아이스크림에 **접근**할 기회를 폭넓게 마련했다. 인터넷에 다양한 파인트의 인스타그램용 이미지를 게시하여 입소문을 냈다.

이들은 운동선수, 헬스 트레이너, 건강 전도사 등 많은 소셜미디어 인플루언서들을 전략적으로 선정하여 아이스크림 샘플을 얻을 수 있는 다양한 쿠폰을 보냈다. 인플루언서의 팔로워들이 곧 헤일로탑의 잠재고객이었기 때문이다. 이러한 전파자들은 블로그에 글을 올리고 '죄책감 없는 아이스크림'에 대해 열변을 토했다. 부턴은 "헤일로탑에 대한 소문을 낼 사람들에게 지속적으로 접촉했다. 우리에게 인플루언서란 100만 달러를 지불하는 거물급 연예인이 아니었다. 내부적으로 1천 명 이상의 팔로워가 있고 게시물에 '좋아요' 100개와 몇 개의 댓글이 달리는 사람으로 정했다. 이러한 시도는 소문을 전파하는 팬층을 구축하는 효과적이고 유기적인 전략이었다"라고 말했다.

전파자들의 노력에 더해 페이스북, 인스타그램, 트위터에서 대상을 좁혀 광고를 실시하자 엄청난 입소문이 일어났고 회사의 인지도가 크게 올라갔다. 〈리퍼럴 캔디 블로그Referral Candy Blog〉에 따르면 헤일로탑의 아이스크림 매출은 초월기업 캠페인을 실현하면서 2,500퍼센트 증가했다. 현재 이 회사는 페이스북과 인스타그램에 70만 명, 트위터에 4만 명의 팔로워를 거느리고 있다. 이와 함께 스푼 유니버시티Spoon University, 버즈피드Buzzfeed, 《USA 투데이USA Today》 등 주류 언론에서 호평을 받았다.

헤일로탑은 가장 먼저 떠오르는 아이스크림으로 계속 기억되기 위해 지속적으로 꿀벌 입소문을 내고 있다. 예를 들어 파트너인 스크러플스 헤어케어Scruples Hair Care의 헤어드레서 10명이 10명의 모델에게 헤일로탑 아이스크림 맛을 표현하는 챌린지를 진행하도록 후원했다. 모델들은 헤일로탑 아이스크림 파인트를 들고 포즈를 취했으며 인스타그램에 올릴 수 있도록 각각의 맛에 어울리는 의상을 착용했다.

헤일로탑의 헤어 챌린지를 통해 '레인보우 스월(무지개 색으로 염색한 땋은 머리)', '피넛 버터 컵(염색하고 연장한 머리에 금빛으로 포인트를 준 스타일)', '버스데이 케이크(알록달록한 색상에 물방울 무늬 추가)' 같은 스타일이 탄생했다. 여러 언론에서 일부 사진과 스토리를 소개했으며 2018년 《버슬즈Bustle's》는 "헤일로탑 헤어가 화제이며 스타일도 매력적"이라는 기사를 실었다. 《인사이더Insider》는 "헤일로탑에 영감을 받은 헤어 스타일"이라면서 "트렌드가 인터넷을 휩쓸고 있다"라고 전했다.

캠페인 어젠다 '게임'(5단어 이내)	**죄책감 없는 아이스크림**
캠페인 C-메시지 캠페인을 추진하기 위한 간결한 메시지 (최대 3개)	• "헤일로탑은 아이스크림 본연의 맛과 꾸덕한 질감을 자랑하면서도 칼로리가 낮아 죄책감 없이 즐길 수 있다는 점에서 아이스크림의 판도를 완전히 바꾸어 놓았다." • "헤일로탑은 사람들이 먹는 것에서 즐거움을 느낄 수 있는 프리미엄 아이스크림을 제공한다." • "헤일로탑은 최상의 재료를 쓰면서도 단백질이 풍부하고 당 함량이 낮다."
캠페인 후보 캠페인 어젠다에 가장 적합한 회사 또는 브랜드	**헤일로탑**
후보 포지셔닝 이해관계자의 마음에 후보자를 떠올리게 하는 개념(5단어 이내)	**최초의 100퍼센트 천연 저칼로리 아이스크림**

다음은 헤일로탑의 기업 강령을 요약한 표다.

'죄책감 없는 아이스크림'이라는 캠페인 어젠다는 앉은 자리에서 아이스크림 한 통을 다 먹고 싶다는 설립자 저스틴 울버턴의 바람을 떠올리게 한다. 아닌 게 아니라 일부 헤일로탑 용기에는 "당장 가서 한 통을 다 비우세요"라고 부추기기까지 한다. 오바마가 '변화'라는 캠페인 어젠다에 들어맞는 독특한 성장 과정을 내세운 것처럼, 최고의 어젠다에는 전체 캠페인 내러티브를 뒷받침하는 흥미로운 배경 스토리가 있다. 또한 헤일로탑의 어젠다는 어젠다와 포지셔닝 모두에 '아이스크림'이 포함되어 이중 일치에 해당한다.

이러한 강령을 활용하고 지속적으로 입소문을 내면서 헤일로탑은 아이스크림 업계의 판도를 바꿨으며 훨씬 규모가 큰 경쟁 기업을 뛰어넘었다.

2017년 7월 헤일로탑은 미국에서 가장 많이 팔린 파인트 아이스크림에 이름을 올렸다. 《파이낸셜 타임스》는 "헤일로탑은 소비재 산업을 뒤흔드는 새로운 현실을 보여주는 전형이다. 면도기부터 강아지 사료에 이르기까지 모든 상품에서 새로운 브랜드가 부상하는 현상이다. 신흥 강자들은 주류 제품과 비교해 친환경적이고 현지에 뿌리를 두며 진정성이 강하고 건강하다는 점을 앞세워 인터넷 채널을 통해 고객에게 직접 판매하는 경우가 많고, 관심을 얻기 위해 소셜미디어를 활용한다"라고 분석했다.

헤일로탑은 경쟁 카테고리화를 통해 '건강한 아이스크림'이라는 새로운 유형의 카테고리를 사실상 장악했다. 벤앤제리스 등 아이스크림 브랜드의 세계 최대 제조업체인 유니레버의 최고재무책임자 그레임 핏케슬리Graeme Pitkethly는 소비자 브랜드 대기업이 미국에서 보다 건강한 아이스크림에 대한 "유행을 놓쳤다"라고 인정하면서 "헤일로탑이 매우 빠르게 점유율을 차지하고 있다"라고 밝혔다. BBC 뉴스는 유니레버가 2018년 울버턴에 20억 달러의 인수 제안을 했다고 보도했다. 당시 헤일로탑은 이 제안을 거절했으나 1년 뒤 블루버니Blue Bunny 등 다양한 냉동 디저트 브랜드를 보유한 웰스엔터프라이즈Wells Enterprises의 인수 제안은 받아들였다.

2017년 《타임》이 최고의 혁신 기업으로 선정한 헤일로탑은 현재 '건강한 아이스크림' 카테고리의 선두 주자다. 2017년 《애드 에이지 Ad Age》와의 인터뷰에서 울버턴은 "로스앤젤레스, 뉴욕, 와이오밍 등 어디에서나 제품이 진열대에 머무를 틈이 없다"라고 말했다. 서른셋의 나이에 주방에서 아이스크림을 만들면서 회사를 시작한 사람에게 나쁘지 않은 결말 아닌가!

이어서 캐리 해머Carrie Hammer가 큰북 입소문 전략으로 어떻게 패션 업계의 게임을 변화시켰는지 살펴보자.

캐리 해머의 '런웨이 모델이 아닌 롤모델' 캠페인

캐리 해머 디자이너는 2012년 패션 사업을 시작했지만 회사가 본격적으로 비상한 것은 2년 뒤의 일이다. 2014년 2월, 미국에서 가장 관심을 받는 패션 이벤트인 뉴욕 패션위크NYFW에서 캐리 해머 디자이너는 2가지 목표를 세웠다. 하나는 자신의 컬렉션을 선보이는 것이고, 두 번째는 패션 세계에 변화를 몰고 오는 것이었다. 그리고 2가지 목표를 모두 이뤘다.

자신의 이름을 딴 의류 브랜드의 CEO인 해머는 전문직 여성을 위한 옷을 만들었지만 자신의 패션에 적합한 모델을 찾는 데 어려움을 겪고 있었다.

"'기존의 모델'을 사용할 방법이 없었다."

2019년 러브해픈스맥닷컴Love Happens Mag.com은 '캐리 해머가 패션 업계에서 아름다움의 의미를 바꾸는 방식'이라는 제목의 기사를 게재했다. 기사에서 해머는 "[모델들은] 업계 기준으로 보면 흠잡을 데 없었지만 뭐라고 꼬집어 말하기 어려운 시각적 괴리감이 느껴졌다. 멋진 모델들이었지만 내 옷을 입는 여성들은 경영진이고 유력한 인물들이다. 런웨이 모델이 아닌 롤모델인 것이다"라고 말했다. 이때 캐리 해머는 깨달음의 순간을 맞았다. 자신이 컬렉션을 선보일 때 원한 것은 '런웨이 모델이 아닌 롤모델'이었던 것이다.

해머는 패션 업계의 게임을 바꾸기로 결심했다. 기존의 패션 모델을 운동가, 경영진, 자선활동가와 같은 영향력 있는 여성들로 대신하는 '런웨이 모델이 아닌 롤모델' 캠페인을 시작했다. NYFW 쇼에서도 2명의 역사적인 '최초' 모델을 발탁했다. 첫 번째는 휠체어에 탄 모델로, 임상 심리학자이자 장애인 권리 옹호 활동가인 다니엘 셰이퍽Danielle Sheypuk이었다. 또 다른 모델은 런웨이를 걸은 최초의 다운증후군 여성으로 〈아메리칸 호러 스토리〉의 배우 제이미 브루어Jamie Brewer였다. 《허핑턴 포스트》는 "해머의 이 시도는 우리가 너무나 오랫동안 목격했던 균일성에 도전을 제기한다. 단순히 다양성이 아니라 현실을 반영할 때다"라고 말했다.

해머의 쇼는 특별한 입소문을 일으키면서 많은 여성들에게 큰 공감을 얻었다. 수백 통의 감사 이메일이 해머에게 쏟아졌다. 그중에는 2년 전 전신 감염으로 자신감과 함께 사지를 잃은 캐런 크레스포 Karen Crespo도 있었다. 2014년《버슬》에 실린 기사에서 타일러 앳우드 Tyler Atwood 기자는 크레스포가 해머에게 메일을 보냈다고 전했다.

"지금 독립적인 생활을 하기 위해 의수와 의족을 사용하고 있어요. 하지만 여전히 내 모습을 받아들이는 게 힘들어요. 이전에는 자신감이 많은 사람이었는데 이제는 나 자신을 받아들이는 것이 두렵습니다."

온라인 매체 버즈피드 스토리에서 크레스포는 "장애인을 런웨이에 세운 디자이너가 있다는 것을 알고 큰 감동을 받았다. 그런 장면은 흔히 볼 수 있는 것이 아니며 장애를 가진 사람들에게 기회가 열리는 계기가 되기를 바란다. 아름다움은 모양이나 크기와 상관없다. 옳고 그름의 문제가 아닌 것이다"라고 주장했다. 크레스포의 메시지에 감명을 받은 해머는 다음 해 가을 패션쇼의 런웨이에 크레스포를 초청했다.

가을에 열린 뉴욕 패션위크에 크레스포가 캐리 해머의 의상을 입고 사지가 절단된 사람 중 처음으로 런웨이를 걸어 나오자 기립박수가 쏟아졌다. ABC 뉴스는 해머의 말을 인용해 "캐런은 많은 사람들에게 영감을 줄 것이다. 전 세계에 영감을 주기를 바란다"라고 전했다.

해머는 기업가, 경영진, 과학자, 운동가, 자선 활동가 등 다양한 역할을 맡고 있는 여성들을 계속 모델로 기용했다. "여성 스스로 아름다움이 힘, 개성, 성취에서 비롯된다는 것을 아는 것이 중요하다"라고 해머는 말했다.

"우리가 런웨이에 세우는 여성들은 각자의 분야에서 최고의 자리에 있는 사람들입니다."

2014년 두 차례 뉴욕 패션위크 쇼 이후 해머는 뉴욕과 상하이에서 몇 차례 패션 이벤트를 열었다. "롤모델은 옷에서 시선을 빼앗아 간다. 옷을 입고 있는 여성이 너무나 밝게 빛나기 때문이다. 하지만 시선 분산도 계획의 일부이다"라고 해머는 말했다. 해머가 의도적으로 롤모델과 관련한 캠페인 어젠다를 먼저 제시하고 패션 브랜드를 그다음에 내세운다는 점에 주목해야 한다. 해머는 여성의 패션이 **어떻게 보이는가에서 어떤 느낌을 주는가로** 게임의 규칙을 바꿨다. 이른바 자기 몸 긍정주의Body Positive 운동은 의복보다는 그 옷을 입고 있는 여성에게 관심을 둔다.

캐리 해머의 캠페인 어젠다와 강령을 보자. 이 강령에서 포지셔닝은 캠페인 어젠다와 동일한 단어를 직접적으로 사용하지 않는다. 하지만 자기 몸 긍정주의 운동이 아름다움이란 겉모습보다는 여성의 행동과 느낌으로 정의되므로 긍정적 자기 이미지가 긍정적 방식으로 드러난다는 메시지를 전달하기 때문에 캠페인 어젠다를 뒷받침한다고 볼 수 있다. 해머가 이끄는 팀은 "전 세계에서 아름다움의

캠페인 어젠다 '게임'(5단어 이내)	런웨이 모델이 아닌 롤모델

캠페인 C-메시지
캠페인을 추진하기 위한 간결한 메시지
(최대 3개)
	• "우리는 런웨이 모델이 아닌 롤모델을
	  신뢰한다."
	• "캐리 해머는 전문직 여성과 영향력이
	  큰 전 세계 롤모델 네트워크를 위한 진
	  보적이고 강인한 패션을 선보인다."
	• "캐리 해머는 패션 업계가 미의 기준을
	  바라보는 방식을 변화시킨 자기 몸 긍
	  정주의 운동을 시작했다."

캠페인 후보 캠페인 어젠다에 가장 적합한 회사 또는 브랜드	캐리 해머
후보 포지셔닝 이해관계자의 마음에 후보자를 떠올리게 하는 개념(5단어 이내)	자기 몸 긍정주의 운동

정의를 겉모습 외에 열정, 목적, 성취를 아우르도록 확대하고 새로운 세대의 여성이 자신의 피부색에 아름다움을 느끼도록 돕는다"는 사명을 위해 일하고 있다.

해머는 가장 큰 무대에서 가장 거대한 입소문을 내는 데 성공했다. 파괴적인 접근은 미디어에 10억 회 이상 노출되면서 운동을 일으켰다. 폭스 뉴스는 해머의 시도가 패션 산업에서 아름다움의 기준을 바라보는 방식을 바꾼 자기 몸 긍정주의 운동을 촉발한 패션 운동이라면서 '런웨이 혁명'이라고 이름 붙였다. 해머는 무대를 장악하여 게임의 판도와 패션 산업, 여성이 자신을 바라보는 시각을 바꿨다.

최고의 초월기업 캠페인은 인식을 크게 높이고 전파자 운동을 촉발하며 많은 경우 문화 자체를 변화시킨다. 캐리 헤머의 사례에서처럼 초월기업은 한 개인으로부터 시작된다.

• 확실한 '인식'을 위한 2가지 입소문 유형

초월기업 체계의 네 번째 A인 '인식'을 만들어내는 2가지 유형의 입소문이 있다.

-꿀벌 입소문은 벌이 웅웅거리며 계속 날아다니듯 메시지를 끊임없이 쏟아내는 방식이다. 대선 활동 중 트럼프 후보가 트윗을 계속 올린 것이 여기에 해당한다.

-큰북 입소문은 버락 오바마의 2004년 민주당 전당대회 연설처럼 가장 큰 무대에서 최대 규모의 입소문을 내거나 기대감을 끌어올리는 방식이다.

• 입소문이 야기한 전파자 운동

초월기업 캠페인은 엄청난 입소문을 일으키며 변화를 위한 강력한 운동을 이끌어낸다.

-헤일로탑의 설립자이자 CEO인 저스틴 울버턴은 2가지 비결을 완벽하게 활용했다. '죄책감 없는 아이스크림'을 만들고, 소셜미디어에서 '꿀벌 입소문'을 낸 것이다. 울버턴과 공동 창업자 더그 부턴은 운동선수, 헬스 트레이너, 건강 전도사 등 인플루언서를 전략적으로 선정했다. 이들의 팔로워가 헤일로탑의 잠재고객이 될 수 있었

기 때문이다. 이러한 전파자들의 지지와 더불어 페이스북, 인스타그램, 트위터 광고가 더해져 입소문이 활발하게 퍼졌고 제품 판매가 급증했다.

-초월기업 캠페인은 거대한 입소문을 내고 변화를 위한 강력한 운동을 일으킨다. 2014년 캐리 해머 디자이너는 미국 최대 패션 무대인 뉴욕 패션위크 역사상 최대 규모의 입소문을 만들었다. 자신의 이름을 딴 의류 브랜드의 CEO인 해머에게는 2가지 목표가 있었다. 자신의 컬렉션을 선보이는 것과 패션 세계를 변화시키는 것이었다. 해머는 둘 다 해냈다. 런웨이 모델이 아닌 롤모델을 발탁했는데 여기에는 최초로 휠체어를 탄 여성, 다운증후군을 앓고 있는 여성, 사지가 절단된 여성이 모델이 되어 유명한 런웨이를 누볐다. 해머는 패션 산업이 아름다움의 기준을 바라보는 방식을 변화시킨 '자기 몸 긍정주의 운동'을 일으켰다.

브랜딩 말고 초월기업 체계

이 책의 앞머리에 존 F. 케네디의 '유인 달 탐사' 어젠다를 소개한 바 있다. 여기에 캠페인 어젠다의 수립, 전달, 옹호라는 초월기업 체계의 3단계가 완벽하게 담겨 있기 때문이다. 우선 케네디는 'Man on the Moon(유인 달 탐사)'이라는 네 단어의 간단한 캠페인 어젠다를 만들었다. 그런 다음 이 캠페인 어젠다를 강령에 맞춰 반복적이고 일관성 있게 전달했다.

궁극적으로 케네디는 나사NASA에 필요한 자금, 기술, 전문성의 접근을 포함한 몇 가지 승리를 위한 행동을 고려하여 어젠다를 변경했다. 케네디의 단순한 캠페인 어젠다 덕분에 NASA의 각 직원은 자신이 '유인 달 탐사'에 기여하기 위해 어떤 역할을 맡았는지 쉽게 이해할 수 있었다.

초월기업 체계는 어떤 기업이라도 승리에 활용할 수 있는 청사진을 제공한다. 하지만 성공하는 기업과 전문가들을 분석한 결과 초월기업 전문가들에게는 2가지 기본 특성이 있었다. 바로 **승리하려는 정신**과 **승리하**

캠페인 어젠다 '게임'(5단어 이내)	유인 달 탐사
캠페인 C-메시지 캠페인을 추진하기 위한 간결한 메시지 (최대 3개)	• "이 나라는 1960년대가 끝나기 전에 인간을 달에 착륙시키고 지구에 무사히 귀환한다는 목표를 달성하기 위해 노력해야 합니다." • "우리는 달에 가기로 결정했습니다. (…) 이 도전은 우리가 이룩하려는 열망이기 때문입니다."
캠페인 후보 캠페인 어젠다에 가장 적합한 회사 또는 브랜드	미국
후보 포지셔닝 이해관계자의 마음에 후보자를 떠올리게 하는 개념(5단어 이내)	인류를 최초로 달에 착륙시키는 나라
경쟁자 포지셔닝 주요 이해관계자들의 마음에 경쟁자에 대한 인식 형성하기(5단어 미만)	소련: 우주에는 갔으나 유인 탐사는 아님

기 위한 실행력, 즉 초월기업 체계를 실현하기 위해 열정적인 노력을 다한다는 것이다. 케네디 대통령은 1962년 라이스 대학교의 상징적인 연설에서 예를 들어 이러한 특성을 설명했다.

여러분, 제가 휴스턴의 관제탑에서 24만 마일(약 390킬로미터) 떨어진 달이라는 미지의 천체에 길이는 축구장에 맞먹는 300피트(약 90미터) 이상에 이

전에는 존재하지 않던 새로운 금속합금으로 제작되고 지금까지 경험한 것의 몇 배나 되는 열과 압력을 견뎌야 하며 가장 정교한 시계보다 더 정밀하게 조립한 거대한 로켓을 쏘아 보낸 다음 다시 지구로 돌아오기 위해 시간당 2만 5천만 마일(약 4만 킬로미터) 이상의 속도로 대기권에 재진입해 태양의 온도 절반에 해당하는 열을 발생하면서 안전하게 귀환하는 임무를 제대로 완수하고, 그것도 1960년대가 끝나기 전에 역사상 처음으로 해내야 한다면, 우리는 대담해져야 할 것입니다.

케네디는 승리하려는 정신이 무엇인지 보여줬다. 그는 미국이 승리할 것이라는 대담한 확신이 있었다. 케네디는 미국인들에게 아직 개발되지도 않은 재료를 사용하는 것을 포함해 인류 역사상 상상조차 하지 못했던 많은 일을 이루도록 요구했다. 그는 NASA가 이 거대한 임무를 매우 촉박한 일정 안에 완수해내리라는 자신감이 있었다. 승리하기 위한 실행력을 갖추기 위해서는 임무를 완수하는 데 필요한 자원을 확보할 수 있도록 대중의 지지를 얻어야 했다. 대통령에 취임한 지 4개월 만에 케네디는 과거 8년 치보다 더 많은 우주 예산을 요청했다. 라이스 대학교 연설은 대중의 마음을 사로잡았다.

이를 보여주는 증거가 역사적 기록에 남아 있다. 케네디는 암살되고 아폴로 1호의 발사 과정에서 우주인 3명이 사망했다. 여러 어려움에 부딪쳤지만, NASA는 유인 달 탐사라는 케네디의 캠페인 어젠다를 이루기 위해 최선을 다했고 결국 이뤄냈다.

꼭 승리하겠다는 정신

케네디의 승리하려는 정신은 이 책에 소개된 많은 초월기업 전문가들에게도 나타나는 특징이다. 예를 들어 일론 머스크는 매력적인 대량 판매 전기차를 생산하여 '지속 가능한 에너지로의 전 세계적 전환'을 앞당긴다는 공공 캠페인 어젠다를 대담하게 제시했다. 반대 의견이 많았음에도 머스크는 세계에서 가장 가치 있는 자동차 회사를 일궈냈다.

마찬가지로 스티브 잡스는 자신의 회사가 휴대전화를 탈바꿈시키고 근 30년 만에 처음으로 성공적인 태블릿 PC를 개발하고 음악을 감상하는 방식을 혁명적으로 변화시켰다. 잡스의 자신감과 영감은 애플이 이 모든 업적을 이룰 수 있도록 이끌었다. 캐리 해머는 런웨이 모델 대신 실제 여성 임원, 휠체어에 탄 여성, 사지가 절단된 여성 등 인생의 롤모델을 무대에 세운다는 대담한 발상으로 패션 세계를 충격에 빠뜨렸다.

시드립의 벤 브랜슨과 헤일로탑의 저스틴 울버턴은 모두 안전하고 돈을 많이 벌 수 있는 일을 그만두고 이전에 존재한 적 없는 혁신적인 제품을 만드는 일에 시간과 자금을 투자했다.

승리하려는 정신은 승리하려는 리더로부터 시작된다. 그동안 컨설팅 서비스를 제공하면서 최고의 초월기업에는 회사의 캠페인 어젠다에 헌신하고 신뢰하고 소통하며 조직 안팎에서 추진하는 임원과 다른 전문가들이 회사의 곳곳에 포진해 있음을 발견했다. 이러한 초월기업 전문가들은 동료들이 고객을 대신해 사명을 완수하도록 영감을 불어넣는 변화의 주도자 역할을 한다. 이들은 남을 따라 하거나 반응하지 않고 앞서서 이끌고 '주도한다'.

초월기업 전문가들은 전통주의 기업 전문가와 같은 방식으로 생각하지 않는다. 아마존 CEO로서 보내는 마지막 연례 주주서한에서 제프 베이조스는 직원들에게 다음과 같은 당부를 남겼다.

> 마지막으로 가장 중요한 당부가 남았는데, 여러분에게 꼭 알려야 한다는 생각이 듭니다. 아마존의 모든 직원이 깊이 생각해보기를 바랍니다. (…) 대체 세상은 여러분이 평범한 사람에 머물도록 어떻게 끌어당기고 있는 것일까요? 차별성을 유지하기 위해서 얼마나 많은 노력을 기울여야 할까요? 여러분을 특별하게 만드는 것들을 지키기 위해서 어떻게 해야 할까요? (…) 우리 모두 차별성과 독창성이 가치 있다는 것을 잘 알고 있습니다. 모두 '당신 자신이 되라'고 배웁니다. 여러분에게 당부하고 싶은 것은 차별성을 유지하는 데 많은 에너지가 든다는 사실을 받아들이고 현실적이 되라는 것입니다. 세상은 당신이 평범한 사람이 되기를 원하면서 천 가지 방법으로 끌어당깁니다. 그런 일이 일어나도록 놔두지 마십시오.

초월기업 전문가들은 전통주의 기업 전문가와 달리 울타리를 보지 않고 초원을 바라본다. 또한 위협을 보지 않고 기회에 주목한다.

전통주의 기업 전문가는 실패에 대한 변명거리(예: 시간, 자금, 자원의 부족)를 찾지만 초월기업 전문가는 승리하기 위한 길을 찾는다.

승리를 위한 실행력

제프 베이조스는 아마존의 직원과 파트너가 고객에 집착하도록(가령 제품 주문의 정확도가 99퍼센트가 넘도록) 사실상 모든 세부 사항에 열정을 쏟았다. 스위트그린의 팀은 제품이 산지에서 직송되고 고객이 생산 농가를 확인할 수 있도록 성실한 노력을 기울였다. 스타벅스는 CEO 부터 바리스타에 이르는 임직원이 모든 고객에게 '제3의 공간' 경험을 제공하기 위해 노력한다.

초월기업 전문가들은 우선순위를 정하고 집중하여 승리한다. 이들은 모든 행동을 동일하게 취급하지 않는다. 어젠다에 부합하지 않는 기존의 전략은 없애고 부합하는 전략에 집중한다. 승리를 위한 행동과 캠페인 어젠다를 추진하는 부대 활동에 역량을 집중한다. 내 경험상 초월기업 전문가들은 20~30퍼센트 일을 덜 하고 훨씬 더 많은 자유 시간을 누렸다. 조직이 승리하는 데 도움이 되는 행동에만 집중하기 때문이다. 이들에게는 적을수록 더 많은 가치가 있다.

이에 더해 초월기업 전문가들은 속도가 중요하다는 것을 잘 안다. 보다 분석적이고 위험 회피 성향이 강한 전통주의 기업 전문가와 달리 초월기업 전문가들은 빠르게 행동한다. 경쟁 상황을 신속하게 분석하고 시장에서 승리하기 위한 조치를 취한다. 경쟁 관련 데이터나 시장 정보가 모두 취합되기를 마냥 기다리지 않고 제한된 데이터를 바탕으로 행동에 옮긴다. 시장이 얼마나 신속하게 변하는지 알기 때문이다. 또한 초월기업 전문가들은 긴박감을 유지한다. 날마다 '유권자'인 고객과 이해관계자가 제품에 대한 결정을 내린다는 것을 인식한다. 그 결과 완벽하지는 않더라도 실제적인 답을 구하고 결단력 있는 조치를 취한다.

컨설팅을 위해 소통하다 보면 일부 기업의 전문가들이 승리하는 초월기업의 리더처럼 생각하고 행동하는 것을 보고 놀랄 때가 많다. 승리하는 초월기업 리더가 되기 위해 CEO나 고위 임원일 필요는 없다. **승리하는 초월기업 리더는 기업의 모든 수준, 기능, 부문, 시장 등 어느 위치에서든 찾을 수 있다.** 노련한 전문가일 수도 있지만 신입직원일 수도 있으며 마케팅, 영업, 광고, 커뮤니케이션뿐 아니라 연구, 제품 디자인, 재무, 공급망 분야 소속일 수도 있다. 초월기업에 필요한 것은 대담하게 생각하고 행동하는 열정적인 헌신이다.

초월기업 체계를 적용하라

그렇다면 초월기업 시스템을 당장 어떻게 적용할 수 있을까? 캠페인 어젠다의 수립, 전달, 옹호라는 3가지 실용적 단계를 통해 그 강력한 효과가 입증된 초월기업 체계를 활용하면 된다.

우선 직장 동료들에게 초월기업 체계라는 개념을 공유해보기를 권한다. 제품, 기능, 현지 마케팅 팀에게 소개해도 좋다. 선도적인 기업이 마치 미국 대통령처럼 선발되는 과정을 설명해보라. 초월기업은 전체를 아우르는 하나의 캠페인 어젠다를 만들어서 전달한다. 이때 캠페인 어젠다는 다섯 단어 이내로 기억하기 쉽고, 장악 가능하며, 승리할 수 있고 일치 가능해야 한다. 이 책에 소개된 스타벅스, 애플, 나이키 등 대표적인 사례를 팀과 공유하는 것도 좋다. 이러한 초월기업이 먼저 캠페인 어젠다를 알리고 그다음에 브랜드를 내세웠다는 점을 강조해야 한다.

먼저, 어젠다를 수립해야 한다.

둘째, 어젠다를 전달한다. 팀이 가장 중요한 메시지인 캠페인 어젠다, C-메시지, 포지셔닝, P-바이트, 경쟁자 포지셔닝을 담고 있는 강령을 준비하도록 독려한다. 강령 템플릿 사본을 아래에서 찾을 수 있으며, www.DrStanBernard.com에서도 다운로드할 수 있다.

셋째, 어젠다를 옹호한다. 팀과 기업에서 이 책에서 설명한 4가지 행동을 통해 승리할 수 있는 방법을 논의하고 브레인스토밍을 해본다. 이때 다음 4가지 질문에 답해보라.

캠페인 어젠다 '게임'(5단어 이내)	
캠페인 C-메시지 캠페인을 추진하기 위한 간결한 메시지 (최대 3개)	
캠페인 후보 선거 슬로건이나 전개될 게임을 가장 잘 수행할 수 있는 후보	
후보 포지셔닝 이해관계자의 마음에 후보자를 떠올리게 하는 개념(5단어 이내)	
P-바이트 후보자를 설명하는 간결한 메시지 (최대 3개, 각각 5단어 이내)	
경쟁자 포지셔닝 주요 이해관계자들의 마음에 경쟁자에 대한 인식 형성하기(5단어 미만)	

· 경쟁우위를 확보하기 위해 기업에서 어떻게 접근을 허용할 것인가?

접근은 자라의 패스트 패션이나 구글의 검색 정보와 같이 제한적이거나 무제한으로 허용될 수 있다. 접근은 스타벅스의 커피나 펠로톤 자전거처럼 가격이 비싸더라도 더 많은 가치를 제공하는 수단이 될 수 있음을 기억해야 한다.

• 제품이 어떤 경쟁우위를 제공하는가?

이러한 우위는 제품과 관련되어 있거나 제품의 범위를 뛰어넘기도 한다. 예를 들어 많은 사람은 테슬라의 자동차를 여러 특별한 기능뿐 아니라 테슬라의 '지속 가능한 에너지로의 전 세계적 전환 가속화'라는 캠페인 어젠다를 믿고 지지하기 때문에 구매했다.

• 기업이나 제품을 위한 전파자 운동을 어떻게 일으킬 수 있는가?

소속된 기업이 글로시에가 만든 '앰배서더' 같은 전파자와 소통하고 제품 개발에 참여시키는가? 레미샤인이 무독성 청소광 제품을 알릴 때처럼 여러 긍정적인 고객 리뷰를 얻고 있는가?

• 꿀벌 입소문이나 큰북 입소문을 통해 시장의 흐름을 뒤엎는 인식을 만들어낼 수 있는가?

소규모의 헤일로탑이 기자, 헬스 트레이너, 건강 전도사와 같은 소셜미디어 인플루언서와 소통하여 '죄책감 없는 아이스크림'에 대한 기대감을 어떻게 키웠는지 기억하는가? 심지어 스크러플의 헤어 스타일리스트와 협력하여 '헤일로탑 헤어' 스타일을 완성하고 입소문을 일으킬 인상적인 사진을 촬영했다. 캐리 해머가 '런웨이 모델이 아닌 롤모델'이라는 캠페인 어젠다를 펼쳤듯 이목을 집중시키는 이벤트를 열거나 활용할 수 있는가?

이 책에는 구글, 아마존, 우버, 시드립, 가이코 등 16개 회사의 사례가 소개되어 있다. 이들은 모두 브랜드가 아닌 다섯 단어 이내의 간단한 **캠페인 어젠다**를 내세운 덕분에 승리하기 시작했다. 초월기업은 어젠다와 강령을 끊임없이 전달하여 이해관계자와 고객이 제품 선발 캠페인에 동참하도록 장려한다. 정치 각본을 활용하여 특별한 접근을 이루고 차별적인 우위를 누리며 인식을 크게 높이고 전파자의 지지를 얻을 수 있도록 4가지 승리를 위한 행동으로 캠페인 어젠다를 추진한다. 각각의 선도기업은 초월기업 체계를 활용하여 브랜드 게임에서 벗어나 자기 방식으로 새로운 게임을 진행한다.

당신은 어떤 게임을 하고 싶은가? 기회는 당신 손에 달려 있다. 이제 결정해야 할 시간이다. 초월기업이 되기 위해 인류를 달에 보낼 필요는 없다. 그저 초월기업 체계를 따르면 어떤 업종이든 어떤 규모의 기업이든 자기만의 게임으로 승자가 될 수 있다!

"책을 써본 사람들이라면 알겠지만 책 한 권을 세상에 내놓는 데 온 마을의 도움이 필요하다. 이 책을 완성하기까지 미처 알아차리지 못한 경우를 포함해 많은 사람들이 도움을 주었다. 너무나 많은 도움을 받았기에 혹시나 감사 인사를 빠뜨리는 실례를 범할까 두려워 일일이 감사를 전하지는 않을 것이다."

_힐러리 클린턴,

『온 마을의 도움이 필요하다: 어린이들에게서 배우는 다른 교훈들

It takes a village: And other lessons children teach us』

나 역시 이 책을 집필하는 데 마을 전체의 도움이 필요하다는 것을 깨달았다. 여기서 '마을'은 1985년 만난 첫 컨설팅 고객사 2곳에서 출발한 이래 급격하게 증가했다. 150곳 이상의 기업과 1만 5천 명의 전문가가 초월기업 체계를 경험하고 실험을 진행하고 발전시킬 수 있도록 도와주었다. 승리를 위한 접근 방법을 최적화하는 데 보탬이 된 모든 통찰력, 제안, 격려에 감사드린다. 이 책이 고객과 전문가가 승리하는 데 도움이 되도록 초월기업의 체계를 이해하고 적용하는 데 밑거름이 되기를 바란다.

퓰리처 상 수상자이자 베스트셀러 저자이며《워싱턴 포스트》기자 출신의 현명한 조언과 더불어 전문적인 편집 도움을 받을 수 있는 작가는 흔치 않을 텐데 이 책 편집과 표지 디자인에 애써준 오랜 친구 데이비드 바이스에게 고마움을 전한다. 아들 브라이언 버나드는 원고를 먼저 읽은 다음 꼼꼼하고 소중한 리뷰를 보내주었다. 수준 높은 전문적 분석과 자세한 편집으로 초고가 크게 개선되었다.

다른 몇몇 검토자들도 이 책에 기여했다. 아이들의 교사였던 랜디와 피터 슈미트에게 '점수'를 받기 위해 원고를 제출하는 것을 처음에는 주저했으나 결국 그렇게 했다. 운 좋게도 두 사람은 예리한 의견과 높은 점수를 줬다. 캐슬린 트레고닝은 전 정치 고문이자 현재 기업 임원으로서 소중한 의견을 주었다. 초기 검토자들인 시드 메이즐과 에반 마이젤만도 용기 있게 의견을 들려주었다.

미셸린과 프랑수아 네이더는 집필하는 내내 격려와 지지를 아끼지 않았다. 자문과 챕터 검토자 역할을 모두 맡아준 리처드 브룩사에게도 감사드린다. 친구이자 저자인 데이비드 슐킨과 캐롤 카셀라는 출판에 대한 유용한 정보를 주었다. 리아니 왕은 사례 연구에 대한 여러 아이디어를, 톰 레이놀즈는 훌륭한 마케팅 제안을 해주었다.

버나드 어소시에이츠 컨설팅 회사의 팀원들에게도 감사를 전한다. 회사에 도움을 줄 뿐만 아니라 전 세계를 함께 여행하고 음식을 먹고 웃음을 나눠준 애슐리 네드, 제니퍼 마티노, 빅토리아 베어, 앨리슨 콘웨이, 세실리아 김, 안드레아 버코우, 자넷 웰스, 벤 샤피로,

셰릴 마르케제, 자나 버나드, 마레이케 슈미트, 케이티 그라보프스키, 피터 그라보프스키, 시오 커리, 주디 프란쿠스, 카산드라 메이베리, 시드니 브루크너에게 고마운 마음을 전한다.

승리에 대한 책을 쓰기 위해서는 승리하는 팀과 절차를 갖춘 출판사가 필요했다. 그 적임자는 스크라이브 미디어Scribe Media였다. 에마 로젠버그 편집자는 이 책을 한 단계 발전할 수 있도록 도전 과제를 주고 도와주었다. 케이티 오르, 스카일러 화이트, 레이첼 브란덴부르크, 알렉사 데이비스, 애널리즈 휠링, 잉그리드 바리니크, 마일스 로테, 에린 미켈레 스카이, 리키 점프, 제프 포프, 아레일 서턴, 조던 그레나디어 등 스크라이브의 많은 전문가와 함께 일하는 영광을 누렸다.

마지막으로 이 책의 독자분들께 감사드린다. 이 책이 당신과 제품, 기업이 승리하는 데 도움이 되기를 진심으로 응원한다!

최고의 경영서 _Independent Press Award (2022년)

최고의 경영 전략서 _Pinnacle Book Achievement Award (2022년)

최고의 영업/ 홍보/ 마케팅서 _Independent Press Award (2022년)

최고의 커뮤니케이션/홍보 경영서 _International Book Award (2022년)

최고의 경영서 _Firebird Book Award (2021년)

최고의 경영서 _New England Book Festival Award (2021년)

"『초월기업의 법칙』은 승리할 수 있는 시장 진출 전략을 세우는 데 필요한 사용자 매뉴얼이다. 완전히 새로운 방식으로 경쟁하는 실제 세계의 사례를 소개한다." _톰 레이놀즈, 존슨 앤 존슨 선임 전략 책임자

"버나드 박사는 자신을 세계적인 컨설턴트로 만든 전략적 사고를 적용하여 승리하는 방법을 조명한다. 통찰력이 넘치는 사례를 통해 기업의 성공이라는 우리 모두가 원하는 목표를 이루는 데 있어 이러한 방법을 어떻게 사용할 수 있는지 보여준다."

_리처드 브룩스, RNB 자산 운용 대표이자 베스트셀러
『반대 투자Counter Investing』의 저자

"올해 경영 서적을 한 권만 읽을 수 있다면 이 책을 추천한다."

_데이비드 A. 바이스, 퓰리처상을 수상한 《워싱턴 포스트》 기자이자
베스트셀러 『구글 스토리The Google Story』의 저자

"기존의 규칙에 따라 게임을 해왔을 것이다. 스탠 버나드는 그러한 관행을 멈추라고 조언한다. 『초월기업의 법칙』에서 버나드 박사는 기존의 방식을 벗어나 혁신할 수 있도록 초월기업 체계로 독자를 안내한다. 흐름에 따르는 것에 만족하지 못했던 독자라면 이 책이 더 많은 성과를 얻고 독창성을 발휘하며 성공을 거두려는 열망을 타오르게 할 것이다. _《포브스Forbes》 매거진

"스탠 버나드가 상표권을 보유하고 있는 초월기업 체계는 기업이 기존의 브랜드 전략에서 벗어나 성공을 거두는 데 도움이 되도록 이끄는 새로운 접근법이다. 『초월기업의 법칙』은 선거 운동에 비유하여 게임의 판도를 어떻게 바꿀 수 있는지, 다른 모든 경쟁자를 어떻게 이길 수 있는지 보여준다." _《Inc.》 매거진

"기업에 적합한 각본을 쓰고 다른 경쟁자를 앞지르는 방식을 찾을 수 있다. 경쟁자들이 알아차렸을 때 이미 당신과의 격차는 크게 벌어진 상태일 것이다. 지금까지의 방식으로 이렇다 할 성과를 내지 못했다면 틀에 박힌 낡은 사고에 갇혀 있는 것이다. 시각을 새롭게 하여 조직에 자유를 선사하는 책이다." _《앙트레프레너Entrepreneur》 매거진

"최고의 기업이 성공을 거둔 방식을 깊은 사고와 열정으로 큰 틀에서 평가한 책이다."
_《커커스Kirkus》 리뷰

"스탠 버나드의 『초월기업의 법칙: 브랜드로는 이기지 못한다』는 모든 기업가에게 중요한 인사이트를 주는 책이다. 스탠 버나드는 시장을 초월하고 자기 방식으로 성공을 거두는 일의 의미를 독자들이 이해할 수 있도록 도와준다. 마케팅과 브랜딩에 관심이 있는 사람들에게는 보물과도 같은 책이며 중요한 참고서가 될 것이다."
_《리터러리 타이탄 북Literary Titan Book》 리뷰

초월기업의 법칙

1판 1쇄 2024년 1월 15일

지 은 이 스탠 버나드
옮 긴 이 박홍경

발 행 인 주정관
발 행 처 북스토리(주)
주 행 소 서울특별시 마포구 양화로 7길 6-16
　　　　　서교제일빌딩 201호
대표전화 02-332-5281
팩시밀리 02-332-5283
출판등록 1999년 8월 18일(제22-1610호)
홈페이지 www.ebookstory.co.kr
이 메 일 bookstory@naver.com

ISBN 979-11-5564-332-7 03320